온라인 수업, 교사 실재감이 답이다

온라인 수업, 교사 실재감이 답이다

초판 1쇄 펴낸날 2020년 9월 1일
초판 7쇄 펴낸날 2021년 10월 28일

지은이 신을진 | **기획** 수업과성장연구소
펴낸이 홍지연 | **총괄본부장** 김영숙 | **편집장** 고영완 | **편집** 소이언 정아름 김선현
디자인 남희정 박태연 | **마케팅** 강점원 최은 | **관리** 정상희 | **인쇄** 에스제이 피앤비

펴낸곳 (주)우리학교 | **등록** 제313-2009-26호(2009년 1월 5일)
주소 03992 서울시 마포구 동교로23길 32 2층 | **전화** 02-6012-6094 | **팩스** 02-6012-6092
홈페이지 www.woorischool.co.kr | **이메일** woorischool@naver.com

ISBN 979-11-90337-45-8 03370

• 책값은 뒤표지에 적혀 있습니다.
• 잘못된 책은 구입한 곳에서 바꾸어 드립니다.

온라인 수업, 교사 실재감이 답이다

온라인과 오프라인을
넘나드는 수업 전략

수업과성장연구소 기획
신을진 지음

우리학교

온라인 수업의 실천적 원리, '교사 실재감'을 제시합니다

코로나19로 인해 사상 초유의 '온라인 개학'을 하면서 학교는 지금껏 경험해 보지 못한 큰 혼란을 겪었습니다. 4차 산업 혁명의 도래를 논하면서 당연히 온라인 학습 상황을 염두에 두었고 학교 수업에서 온라인 매체 활용도 점점 많아지고 있었습니다. 그러나 온라인으로 개학을 한다는 것은 전혀 다른 문제입니다.

갑작스러운 온라인 개학은 온라인이라는 매체 자체가 익숙하지 않아서 문제 되는 것이 아닙니다. 온라인은 매체의 특성상 대면 상황에 비해 훨씬 적극적인 학습 의지가 있어야 '학습'이 가능합니다. 그러니까 당연히 수반되어야 할 학생들의 학습 동기가 충분하지 못한 상황에서 온라인 학습을 시작했다는 점이 문제의 본질입니다. 사실 학생들은 대면 수업도 들을 준비가 되어 있지 않은 경우가 허다합니다. 그러니 그보다 훨씬 능동적인 학습 의욕이 있어야 가능한 온라인 학습이 이렇게 시작된 것은 당혹스러운 일입니다. 온라인 수업 환경의 장점이 적용되기보다 오히려 단점이 극대화되는 상황 속에 학교 수업이 내던져진 셈입니다.

온라인 수업은 최근 몇 년간 학생들의 '배움'에 집중하고 있던 교육계의 흐름을 거꾸로 돌리는 듯한 절망감과 무기력감을 주었습니다. 학생들이 수업에 참여하지 않는 상태와 그로 인해 예상되는 수준 차에 대해 속수무책인 상황에서 선생님들의 대처는 크게 둘로 나뉘었습니다.

하나는 코로나19 사태와 온라인 수업 상황이 금방 지나갈 것으로 예상하고, 온라인 수업 자체를 위한 노력은 최소화하면서 대면 수업이 재개될 때를 기다리는 경우입니다. 선생님들은 EBS나 다른 콘텐츠를 링크 거는 방법으로 수업을 진행하되 그 밖의 시간에는 과제를 내거나 학생들을 관리하는 데 초점을 두었습니다.

다른 하나는 온라인 수업 상황에 적응하기 위해 적극적으로 노력하는 경우입니다. 선생님들 중에는 온라인 관련 기술과 지식이 많은 분들도 있어서 지식과 경험을 빠른 속도로 공유하며 확장해 갈 수 있었습니다. 그러나 이 경우에도 온라인 콘텐츠 제작과 관련한 기술적 지식과 기능을 어느 선까지 어떻게 활용할 것인지는 고민이었습니다. 선생님들이 온라인 기술과 지식을 쌓는다 해도 기업적 교육 콘텐츠를 따라잡기에는 역부족인 경우가 많았고, 수업 외에도 할 일이 많은 학교 상황에서는 쉽게 지칠 수밖에 없었습니다.

어느 쪽이든 결국 선생님들은 학생들을 관리·감독하는 '관리자' 역할을 하거나 '온라인 콘텐츠 제작자'가 될 뿐, 수업의 본질을 구현할 수 없다는 절망의 벽에 부딪혔습니다. 상황이 이쯤 되니 올해 수업은 포기할 수밖에 없는 것 아니냐는 말이 나오기도 했습니다.

'교사 실재감'은 이런 어려움을 해결하기 위한 교육 개념으로, '수업과성장연구소'가 적극적으로 소개한 것입니다. 교사 실재감은 기존의 온라인 학습에서 학생들의 학업 몰입과 성취에 가장 큰 영향을 준 요인 가운데 하나였습니다. 그래서 그동안 여러 온라인 학습 환경에서 학생들이 '교사 실재감'을 경험하게 하는 것이 중요하다는 이론적·실증적 연구가 많이 진행됐습니다. 그러나 이 연구들은 현재 우리와 같이 전면적인 온라인 수업 상황에 대한 연구라기보다, 여러 행정적, 기술적 지원이 있고 학생들의 자발성도 어느 정도 있는 온라인 수업 상황에 대한 연구가 대부분이었습니다. 그래서 과연 현재 우리 상황에서도 적절한 대안이 될 수 있는지 여부를 고민하지 않을 수 없었습니다.

여러 가지 검토 끝에 '수업과성장연구소'에서는 지금 우리 상황에서도 역시 '교사 실재감'은 중요하다고 보았지만, 이를 실제로 적용하기 위해서는 우리의 현실적 상황을 고려한 원리가 새롭게 필요하다는 판단을 하게 되었습니다. 그렇게 만들어진 것이 교사 실재감의 구현 원리 BEING입니다.

이후에도 '수업과성장연구소' 소속 선생님들을 중심으로 실제 수업에 적용하면서 더욱 현실에 근거한 원리가 되도록 보완해왔으며 그 결과는 중간 중간 연구발표와 '카드뉴스' 등을 통해 사회적으로도 공유해왔습니다.

우리는 '교사 실재감'의 개념과 실천원리 BEING을 접한 많은 선생님들이 앞서 이야기한 절망의 벽에서 벗어나 교육의 본질을 지킬 수 있는 힘을 얻기 시작했다고 자부합니다. 이 상황이 끝나기만 기다리며 무기력감을 느꼈던 선생님들이 온라인 학습 환경에서도 '교사 실재감'이 중요하다는 연구 결과와 수업에 대한 적용점을 읽고 적극적으로 마음을 열어 학생들과 만나고 소통하고자 시도하게 되었습니다. 수업 콘텐츠를 직접 제작하면서 선생님이 학생들에게 얼마나 관심이 많으며 학생들이 이번 학기에 무엇을 어떻게 배웠으면 하는지 솔직하게 제시할 용기를 얻기도 했습니다.

또한 '교사 실재감' 개념은 이미 적극적으로 온라인

수업을 활용하고 있던 선생님들에게는 지나치게 기술적인 방법론으로 기울지 않도록 방향과 중심을 잡는 역할을 해 주었습니다. 소프트웨어를 다양하게 활용하거나 온라인 콘텐츠 제작 기술을 활용할 수는 있어도 수업의 본질은 학생의 배움에 있다는 점에서, 선생님들은 학생들의 반응을 보고 피드백을 하고 다시 수업의 목표를 바로잡아 주는 본질적인 측면에 더 많은 비중을 두어야 한다는 생각에 다다르게 된 것입니다. 그 때문에 수업의 본질을 유지하는 차원을 넘어 기술적 구현 자체를 추구하고자 하는 마음에 자제심이 생기기도 했습니다.

갑작스러운 온라인 수업에 따른 부담은 우리 교육에 큰 숙제를 안겨 주었습니다. 지금은 온라인 수업과 대면 수업을 번갈아 가며 진행하는 강압적 블렌디드 수업이 이어지고 있습니다. 그래서 선생님들은 이제 온라인 수업에서는 내용을 가르치고, 대면 수업에서는 평가를 하는 이분법적 상황과 맞닥뜨렸습니다. 게다가 학생들과 관계가 형성되지 않은 상태가 지속되면서 생

온라인 수업, 교사 실재감이 답이다

활 지도에도 어려움이 많고, 학생들 간의 학습 수준 차이가 수업을 통해 보완되기는커녕 오히려 격차가 벌어지는 문제가 나타나고 있습니다.

지난 십수 년간 우리 교육계는 주입식 교육의 폐해를 극복하고 아이들에게 미래의 역량을 키워 주기 위해 '학생 참여 중심 수업'을 강력하게 전개해 왔습니다. 그런데 이 노력이 물거품이 될 수 있는 상황이 닥친 것입니다.

지금 상황에서는 학교 현장에서 대면으로 만나도 실제로는 교사와 학생, 학생과 학생이 제대로 만난다고 할 수 없는 상황입니다. 출결과 평가 관리가 학생들의 배움보다 시급한, 주객이 바뀐 상황이 일상으로 자리 잡는 것은 아닐지 걱정스럽습니다. 많은 선생님들이 호소하기를, 수년간 실천해 온 학생 중심의 수업을 시도하고 싶은 의욕이 식어 간다고 합니다. 학생의 역량을 향상하기 위해 시도한 학생 참여 중심 수업, 과정 평가 등의 의미도 퇴색하는 듯이 보입니다. 게다가 행정 중심 교육이나 평가를 위한 수업이 주가 되는 긴 터널을 벗어나고자 참으로 오랜 시간 동안 애써 왔는데, 그 터널로 이토록 쉽게 다시 빠져들고 말다니!

따라서 온라인 수업의 방향을 '교사 실재감'으로 정한 것과 마찬가지로, 이제 대면 수업에서도 '교사 실재감'을 강조해야 합니다. 개학만 하면 '교사 실재감'을 경험하는 일이 그리 어렵지 않으리라 기대했는데, 등교 개학 후에도 선생님과 학생이 서로의 실재감을 경험하기 힘들어졌습니다. 자칫 교육과 수업의 비본질적인 요소가 주인 행세를 할 수도 있으므로 정신 바짝 차리고 수업의 초점을 학생의 배움에 둘 필요가 있습니다. 그러기 위해 힘들고 어려운 상황에서도 우리가 무엇을 지키고 무엇을 붙들어야 할지 더욱 고심해야 합니다. 그래서 이제는 '교사 실재감'이 온라인 수업뿐 아니라 우리 교육 전체에서 결코 놓치지 않아야 할 중요한 개념으로 자리 잡았으면 합니다.

'수업과성장연구소'의 선생님들은 이 개념을 온라인 수업뿐 아니라 등교 개학 이후에도 공동으로 연구하고 적용하여 성과를 공유했습니다. 아직 초기여서 온라인 수업 자체를 이해하는 과정도 필요했고, 그 결과를 짐작하기 어려워 당황하기도 했습니다. 대면 수업이 시작된 후에는 온라인 수업과 어떻게 조화를 이루게 할지, 대면 수업으로 드러난 온라인 수업의 심각한 후유증을 어떻게 해결할 수 있을지 진지한 논의를 이어 갔습니다. 그리고 소중한 성과를 얻었습니다. 이 책은 그 노력과 성과를 정리한 것입니다. 우리의 이와 같은 노력은 앞으로 지속될 수 있는 온라인·대면 수업의 병행과 교육적 혼란 속에서 실제적인 길잡이 역할을 할 수 있을 것입니다.

안타깝게도 블렌디드 수업은 우리가 예상했던 화려한 4차 산업 혁명의 물결과 함께 찾아오지 않았습니다. 코로나19 사태에 대처해야 하는 상황에서 불가항력적으로 시작됐습니다. 우리가 바란 우아한 교육 환경은 이런 것이 아니었습니다.

그러나 우리는 알고 있습니다. 이 상황에서도 우리가 결코 포기할 수 없는 것이 있다는 사실을 말이지요. 우리는 그것을 위해 교육 현장에서 씨름할 것입니다.

무엇보다 그 모든 노력의 중심에 아이들이 있음을, 아이들의 배움과 성장에 관심을 쏟는 '교사'가 함께하고 함께 견디고 또 함께 싸우고 있음을, 아이들에게 알려줄 것입니다. 어느 누구도, 그 무엇도, 우리 아이들의 교육을 대신할 수 없습니다. 교육은 교사의 인격적 성찰과 관계 속에서 가장 잘 이루어질 수 있습니다. 그렇기 때문에 '교사 실재감'은 온라인 수업과 대면 수업을 통틀어 반드시 견지해야 할 중요한 이론적 개념입니다. 또한 실제로 구현해야 할 실천적 원리입니다.

이 책에서 소개한 '교사 실재감'의 원리를 바탕으로 선생님들이 자신감을 회복할 수 있기를 기대합니다. 이 개념을 교육계에 소개한 사람으로서 책임감을 가지고 학교와 선생님들이 안전하고 결실을 맺는 수업의 길을 꾸준히 제시하겠습니다.

그리고 이 책이 나오기까지 '수업과성장연구소'의 많은 선생님들이 함께 노력했습니다. 특히 올해 휴직을 하며 수업에 대한 연구를 함께 하고 있는 류한나 선생님이 실무적인 부분을 책임지고 진행해 주었습니다.

또 안휘준, 전진우, 조은주, 심효은 선생님은 교사 실재감 원리를 자신의 수업에 어떻게 적용했는지 그 과정을 적극적으로 공개하여 주었습니다. 그리고 그 외에도 많은 선생님들이 이 책이 나오기까지 우리 교육의 현 상황과 그 대안으로서의 교사 실재감에 대한 고민과 논의를 함께했습니다. 그 결과로 세상에 나오게 된 이 책이 사상 초유의 사태로 힘겨움을 느끼는 모든 선생님들께 가르침에 대한 자신감과 용기를 북돋는 계기가 되길 간절히 바랍니다.

2020년 9월
수업과성장연구소 대표 신을진

목차

교사 실재감의 실천 원리

교사 실재감 실천 사례와 공감 코칭

온라인 수업 Q&A

부록

1부

교사 실재감의
실천 원리

1

온라인 수업의 새로운 패러다임, 교사 실재감

2020년, 우리는 사상 초유의 온라인 개학을 경험했습니다. 그리고 온라인을 통한 수업이 미래 교육의 대안적 모델이 될 것이라는 핑크빛 환상 대신 "온라인 수업에서도 학생들이 제대로 배울 수 있을까?" "온라인 수업에서도 배움이 가능하게 하려면 어떻게 해야 할까?" 등과 같은 진지한 고민이 필요하다는 것을 알게 되었습니다. 대면 수업과 마찬가지로 온라인 수업도 교육의 가장 핵심적인 것, 즉 학생들의 배움이라는 주제를 비껴갈 수는 없기 때문입니다.

이런 질문들에 답하려면 먼저 대면 수업과는 다른 온라인 수업의 특성을 살펴볼 필요가 있습니다. 온라인 수업의 가장 큰 특징을 꼽는다면 시공간의 제약을 받지 않는다는 점입니다. 그래서 코로나19 사태가 발생한 위급한 상황에서 수업이 이루어지는 방법으로 활용할 수 있었습니다. 코로나19 사태처럼 위급한 상황이 아니더라도 시간과 공간의 제약을 받지 않는다는 점은 교육 접근성을 높일 수 있는 매우 중요한 특징입니다.

그러나 이런 특성을 다른 말로 표현하면 '온라인 수업에는 교사도 학생도 실제로는 존재하지 않는다.'는 것을 의미합니다. 존재하는 것처럼 느낄 뿐입니다. 이와 같은 가상의 존재 상태, 즉 실재감(presence)이 결여된 상태는 온라인 학습에서 배움을 가로막는 가장 위험한 방해 요소입니다. 따라서 온라인 수업이 제대로 이루어지려면 이 실재감 문제를 해결하는 것이 급선무라고 해도 과언이 아닙니다. 실제로 이미 온라인 교육을 다년간 해 온 여러 교육기관이나 기업에서도

온라인 수업, 교사 실재감이 답이다

이를 보완하기 위한 기술적 노력을 기울여 왔습니다.

실재감을 향상시키는 방법은 크게 두 가지가 있습니다. 첫째는 상호 작용이 활발하게 일어나는 형태로 온라인 환경을 구축하는 것이고, 둘째는 즉각적인 반응이 가능한 형태로 프로그램을 다양하게 만드는 것입니다. 예를 들어 실시간 채팅을 하거나 화상으로 얼굴을 마주하면서 바로바로 이야기를 할 수 있는 것은 이 두 가지 방법을 모두 적용한 것입니다. 앞으로도 이 부분을 보완하기 위한 기술적 발전은 계속될 것입니다. 이 부분이 보완되면 온라인 공간은 실제로 존재하는 듯한 느낌을 줄 것이며, 대면 상황에서 하는 많은 일을 온라인에서도 할 수 있게 될 것입니다.

그러나 이를 뒤집어 생각해 보면, 아직까지는 온라인에서 경험할 수 있는 실재감이 많이 부족하고 이것이 온라인 수업을 방해하는 요소로 작용할 수 있으므로 이를 해결하기 위한 노력이 필요하다는 의미이기도 합니다. 개리슨·앤더슨·아처(2000)는 학생이 집중해서 학습에 참여하는 상태를 '학습 실재감'이라고 하면서, "학생이 능동적으로 학습에 참여하고, 결과적으로 유의미한 학습 경험을 하게 되는 것"이라고 정의했습니다. 그리고 '학습 실재감'에 영향을 줄 수 있는 세 가지 요소를 제시했습니다. 바로 '교사 실재감(teacher presence)' 또는 '교수 실재감 (teaching presence)', '인지적 실재감' 그리고 '사회적 실재감'입니다.

'실재감이 뭐 이렇게 많아?' 하고 의아할 수도 있지만, 내용은 그리 어렵지 않습니다. 학생이 '내가 수업을 들었더니 선생님이 어떤 학습 목표를 설정하고 수업을 어떻게 끌고 가려는지 잘 알 것 같아.'라고 느낀다면 교사 실재감을 느끼는 것입니다. 인지적 실재감은 '공부를 하면 할수록 새로운 지식을 깨치게 되네.'라고 느끼는 것이며, 마지막으로 사회적 실재감은 '온라인 공간에 다른 사람들도 나와 함께 있구나.'를 느끼는 것입니다. 이 세 가지 실재감을 학생이 모두 느낄 수 있다면 학습 실재감을 더 많이 경험하게 될 것이고, 결과적으로 학업 성취에도 도움이 될 것입니다.

그런데 저는 학습 실재감과 관련된 세 가지 요소 중

에서 특히 교사 실재감(또는 교수 실재감)에 주목하고 자 합니다. 교사 실재감이야말로 지금 우리가 맞닥뜨린 온라인 개학 상황에 가장 필요한 개념이라고 느꼈기 때문입니다. 개리슨·앤더슨·아처(2000)는 교사 실재감을 다음과 같이 정의했습니다. "교사 실재감이란 학생이 선생님이 어딘가에 존재한다고 느끼고, 학생도 그 속에 있다고 느껴서 학습을 가능하게 하는 것이다." 이것은 단지 물리적으로 '선생님이 계시는구나.' 하고 느끼는 것이 아닙니다. 선생님이 왜 이 내용을 가르치는지, 무엇을 중요하게 생각하는지 등 선생님의 수업 의도와 목표가 느껴진다는 의미에 가깝습니다. 이런 교사 실재감은 대면 수업에서도 당연히 중요한 요소이지만, 온라인 수업에서는 실재감을 경험하기가 어렵기 때문에 그 중요성이 더욱 부각됩니다.

여기에는 세 가지 이유가 있습니다.

첫째, 개리슨·앤더슨·아처가 연구에서 제시한 '교사 실재감'의 핵심 역할 때문입니다. 즉 사회적 실재감이나 인지적 실재감은 교육적 상황이 아니어도 나타날 수 있지만, 교사 실재감은 그렇지 않다는 것입니다. 일반적인 온라인 공동체에서도 사람들은 자신을 드러내고 서로 의견을 교환하면서 소속감을 경험하고(사회적 실재감) 새로운 지식과 정보를 알아 가는 경험(인지적 실재감)은 할 수 있습니다. 그러나 교육을 목적으로 하는 온라인 공동체에서 학습 목표와 같은 교육적 목적을 제시하고 학생들이 이를 경험할 수 있게 하는 교사 실재감이 없다면 학생들은 무엇을 위해서 수업을 하는지를 제대로 알 수 없게 됩니다. 게다가 교사 실재감은 사회적 실재감과 인지적 실재감을 통합해서 구현할 수 있는 핵심적 요소입니다. 그래서 저는 우리 교육이 온라인 수업의 방향을 제대로 잡기 위해서는 다른 요소들보다 우선적으로 교사 실재감에 초점을 둘 필요가 있다고 보았습니다.

둘째, 선생님들도 갑작스러운 온라인 개학이 낯설고 어색하기 때문에 온라인 수업에 따르는 고민을 해결하기 위해서는 먼저 선생님에게 초점을 두는 교사 실재감이 필요하다고 느꼈습니다. 책임을 강조하는 것이

온라인 수업, 교사 실재감이 답이다

아니라 선생님이 지금 이 상황에서 얼마나 중요한지를 강조할 필요가 있다는 뜻입니다. 온라인 수업이 제대로 되려면 시스템이 구축되고, 다양한 기술적 지원이 필요합니다. 그러나 이런 것이 갖추어진 이후에도 학생들의 배움에 가장 중요한 영향을 주는 것은 선생님이기 때문입니다.

그런 점에서 저는 로저스와 레이더로스(2006)가 제시한 교사 실재감의 정의를 인용하고자 합니다. 이들은 교사 실재감을 "학습 환경의 맥락 안에서 개인과 집단의 정서적·신체적·정신적 상태에 대한 이해와 유대감을 지니고, 사려 깊고 다음 단계를 잘 배려하여 반응하는 능력에 대해 깨어 있는 의식 상태로서의 관여"라고 하면서, 교사 실재감을 얻기 위해서는 교사가 자신에 대해 의식적으로 충분히 깨어 있을 것과 학생에 대해서는 가르칠 내용과 교수법에 관한 충분한 지식을 갖추고 학생과 신뢰 관계를 만들어 가는 것이 중요하다고 주장했습니다.

'깨어 있다'는 말의 의미를 조금 더 설명해 볼까요?

예를 들어 온라인 수업에서는 평소 수업에 관심이 많던 선생님도 갑자기 혼란스러워지면서, '나는 어떤 수업을 하고 싶었지?' '지금 이런 상황에서 굳이 내가 원하는 수업을 해야 할까?' 이런 식으로 방향을 잃은 느낌을 경험하기 쉽습니다. '지금은 수업이 진행되기만 해도 다행이야.' 이렇게 마음을 비우려고도 합니다. 이런 혼란에 빠지지 않고 내가 원하는 수업이 무엇인지 구체화하고 그것을 향해 어떻게 나아갈 수 있는 방법을 고민하면서 힘을 모아 가는 상태, 그것이 바로 '깨어 있음'의 의미입니다.

이 책의 2부에 나오는 조은주 선생님은 이런 이야기를 했습니다. "교과 내용을 전달하는 것만 생각하면 EBS는 아주 훌륭합니다. 그러나 제가 과학 수업에서 중요하게 여기는 것은 생각을 하고 호기심을 느끼게 하는 것인데, 그것은 EBS 영상만으로는 불가능할 것 같습니다. 그래서 저는 EBS에 의지하지 않고 제 수업을 만들어야겠다고 생각했습니다." 즉, 내가 중요하게 생각하는 수업을 분명하게 알아차린 것입니다. 이처럼 수업에서 내가 무엇을 중요하게 생각하고 아이들과 무엇을 이야기하고 싶은지에 대해 분명한 자각이 일어나는 것, 또 그것을 놓치지 않으려는 것이 교사들의 '깨어 있음'입니다.

낯설기만 한 온라인 수업 환경 때문에 그동안 잘해 오던 수업 설계와 운영 방법에 자신감을 잃기도 하고 외부에서 제공되는 화려한 콘텐츠와 자신의 수업을 비교하면서 의욕이 사라질 때, 수업에서 가장 중요한 자원이자 존재로서 선생님이 자신을 인식하는 것은 매우 중요한 일입니다. 그런 점에서 교사 실재감은 혼란스러운 상황에서 선생님이 마음을 다잡을 수 있는 힘이 되는 개념입니다.

셋째, '교사 실재감'에 우선적인 초점을 두는 또 다른 이유는 선생님이 준비되지 않으면 학생들에게 온라인 수업을 준비시키기가 어렵기 때문입니다. 대면 수업에서도 수업에 대한 준비가 되지 않은 채 수업에 임하는 경우가 많습니다. 그런데 온라인 수업 공간은 일상과 분리되지 않아서 수업에 집중하기가 훨씬 어렵습니다. 쉽게 지치고 집중도가 떨어지는 것도 온라인 공간에서 더 자주 일어나는 현상입니다. 그러잖아도 공부에 흥미를 느끼지 못하던 학생들이 온라인 수업에서 자신의 마음을 붙잡기는 더욱 어려울 것입니다. 그래서 선생님이 학생들에게 다가가려는 노력을 더 의도적으로 하지 않으면 학생들의 수준 차는 한정 없이 벌어지고 말 것입니다.

터넘(2003)은 교사 실재감을 "교사와 학생이 가치 있는 학습으로 함께 나아가는 동안의 간주관적인 경험으로, 교사는 학생과 함께 존재함으로써 학생의 교육적 취약성을 감소시키고 학생의 무력감이나 자포자기를 인지해서 이를 완화하는 것"이라고 정의했습니다. 이것은 학생들을 어떤 관점으로 바라보아야 하는지를 시사합니다. 이와 같이 교사 실재감은 교사 자신에 대한 알아차림에서 시작하지만 거기서 끝나지 않고 학생에 대한 이해와 배려 그리고 학습으로 연결되는 확장적 의미를 담고 있습니다.

그러나 교사 실재감을 어떻게 구현하는가를 기존의

연구들이 담고 있는 메시지를 종합해 보니, 지금의 우리 교육이 당면한 상황을 충분히 고려하지 않으면 자칫 '온라인에서도 완벽한 선생님이 되세요.', '지금보다 더 열심히 수업하세요.'와 같은 너무 당연한 메시지를 반복할 가능성이 높았습니다. 그래서 교사 실재감의 개념이 현재 우리 교육적 상황에 도움이 되려면 우리가 당면한 어려움을 구체화하고 이를 극복하기 위한 구체적인 방법으로 제시되도록, 그 실천 원리를 구조화해야 한다고 판단했습니다. 그것이 다음 〈표1〉에 제시한 교사 실재감 실천 원리 BEING입니다.

〈표1〉은 교사 실재감의 실천 원리를 온라인 환경 때문에 발생할 수 있는 학습 방해 요인, 이에 대해 기존 연구들이 제시한 개입 방법 그리고 '수업과성장연구소'가 최종적으로 정리한 실천 원리의 순서로 정리한 것입니다.

특히 실천 원리의 부분은 '수업과성장연구소'의 심화·기본 과정을 신청한 선생님 36명을 대상으로 현재 온라인 수업에서의 고민과 그 해결 방안을 인터뷰한

표 1 교사 실재감 실천 원리

학습 방해 요인	기존 문헌들이 제시한 개입 요인	교사 실재감 실천 원리(BEING)
• 낯섦(두려움) • 심리적 거리감	• 학생과 유대 관계 구축 • 배려와 존중	• 연결되는 관계 만들기 (**B**uilding relationship)
• 학습에 대한 무동기 • 준비되지 않은 상태	• 자기(교사) 존재 자각 • 교육 과정 설정, 방법 설계	• 교사 존재감 나타내기 (Showing my **E**xistence)
• 학습 능력 차이 • 자기 조절 능력 차이 • 학습 습관 형성 차이	• 내용 전문가 • 내용/질문 제시 • 수업 규칙과 가이드라인 제시	• 수업의 흐름 이끌기 (Taking **IN**itiative)
• 메타 인지 발달 차이 • 또래 자원 부족 • 즉각성 부족	• 학생의 특성과 상태에 따른 교수법 적용 • 점검과 피드백 • 토론 등 상호 작용 촉진	• 피드백으로 다가가기 (**G**iving feedback)

내용과 수업 고민지 작성 내용을 바탕으로 한 것입니다. 현재 우리 상황에서 실체적 경험을 토대로 한 원리가 그 적용 가능성을 높일 것이라 보았기 때문입니다.

〈표1〉의 첫째 줄에서는 현재 온라인 수업에서 학습을 방해하는 요인으로 온라인 수업에 대한 낯섦(두려움), 심리적 거리감을 꼽았으며, 이에 대처하는 방안으로 교사 실재감 실천 원리로 '연결되는 관계 만들기'를 제시했습니다.

온라인 수업, 교사 실재감이 답이다

둘째 줄의 학습에 대한 무동기나 준비되지 않은 상태에 대한 실천 원리는 '교사 존재감 나타내기'입니다.

셋째 줄의 학습 능력 차이, 자기 조절 능력의 차이 등에 대한 실천 원리는 '수업의 흐름 이끌기'입니다.

마지막 줄의 메타 인지 발달 차이, 또래 자원 부족, 즉각성 부족 때문에 나타나는 온라인 수업의 어려움에 대한 실천 원리는 '피드백으로 다가가기'입니다.

위의 네 가지 원리, 즉 '수업과성장연구소'에서 제시한 교사 실재감 실천 원리(BEING)를 구체적으로 설명하면 다음과 같습니다(더 자세한 내용은 1부 3장에 설명했습니다).

첫째, 연결되는 관계 만들기(Building relationship)는 온라인 수업에 가장 우선적으로 필요한 원리입니다. 학생들은 대면 수업 초기와 마찬가지로 온라인으로 만나고 학습하는 것이 낯설 뿐 아니라 심리적 거리감을 느낄 수 있습니다. 그래서 온라인 수업에서는 더 적극적으로 연결되는 관계 만들기가 더욱 필요합니다.

둘째, 교사 존재감 나타내기(Showing my Existence)

는 교사가 자신을 학생들을 위해 수업을 준비하고 설계하고 촉진하는 교육적 의도를 지닌 존재로 드러낼 필요성을 언급한 것입니다. 이를 통해 학생들은 선생님이 수업에서 무엇을 중요하게 생각하는지 깨닫게 되고, 다른 것으로 쉽게 대체할 수 없는 '선생님'의 수업에 초대받은 느낌을 가질 수 있습니다.

셋째, 수업의 흐름 이끌기(Taking INitiative)는 계획한 수업 목표에 도달하기 위해 교사가 수업 내용과 활동을 적극적으로 이끄는 것입니다. 온라인 수업을 처음 시작할 때는 대면 수업보다 학생들을 파악하는 것이 훨씬 어렵습니다. 그러나 수업이 진행되면 학생들이 제출한 과제나 퀴즈 결과를 통해 학생들의 학습능력 차이, 이해도 차이, 자기조절 학습 전략 등의 차이를 점차 파악해 갑니다. 대면 수업에서는 이 차이가 보여도 대부분 즉시 보완할 수 있는 반면에, 온라인 혹은 블렌디드 상황에서는 이를 보완하기 위한 보다 구체적인 전략을 세워야 합니다.

넷째, 피드백으로 다가가기(Giving feedback)는 학생들의 현재 상태와 도달해야 할 목표 사이의 간극을 피드백을 통해 적극적으로 채워 나가는 것입니다. 온라인 수업에서 학생들은 교사뿐 아니라 다른 학생들과도 연결되지 않고 고립된 상태에 있습니다. 그런 까닭에 대면 수업에서는 자연스럽게 파악할 수 있는 학습 정보를 얻기가 쉽지 않고, 자신의 생각을 확장할 수 있는 상호 작용도 경험하기 어렵습니다. 따라서 피드백으로 다가가기는 온라인 수업에서 더 중요한 의미가 있습니다.

그러나 네 가지 실천적 원리(BEING)는 성공적인 온라인 수업을 위한 실행 매뉴얼이 아닙니다. 또한 처음부터 모든 것을 실천해야 하는 것도 아닙니다. 오히려 다음과 같은 방법으로 활용할 수 있다면 선생님들에게 도움이 되리라 생각합니다.

첫째, 현재 경험하는 온라인 수업과 관련한 고민이 어떤 것인지를 발견하는 용도로 활용할 수 있습니다. 지금 선생님들의 수업 고민은 개인적인 고민이라기보다 온라인 개학 상황에서 비롯된 것이 많습니다. 그러므로 현재의 어려움을 상대화해서 객관적으로 바라볼 수 있을 때 위축되지 않고 해결하려는 의지가 생길 것입니다.

둘째, 온라인 수업 고민을 순차적으로 해결하는 가이드로 활용할 수 있습니다. 아직 첫 번째 과제가 풀리지 않았다면 첫 번째 과제에 집중하고, 그 과제가 해결되면 두 번째, 세 번째, 네 번째 과제로 나아갑니다. 온라인 수업에서 야기되는 많은 문제를 단번에 해결할 수는 없을 것입니다.

그러나 막연히 해결되기를 기다리기보다는 위의 원리들을 가이드로 사용하면 좋겠습니다. 처음에는 학생들과 교사가 서로 적응하면서 관계를 만들어 가고, 그 고민이 어느 정도 해결되면 교사로서 수업에서 지향하는 가치를 구현할 수 있는 방법을 적극적으로 고민하는 식으로 문제를 순차적으로 해결하는 것입니다. 그래서 어느 정도 해결됐다면 이제는 학생들에게 시선을 집중해서 상황에 귀 기울이고, 적극적인 피드백과 상호 작용으로 학생들에게 다가가는 것입니다.

셋째, 수업에 대한 고민을 함께 나누고 해결하는 과정에 전문 학습 공동체나 수업 협의회 등을 활용할 수도 있습니다. 온라인 수업에 대한 익숙함의 차이, 바람직한 수업 방향에 대한 다양성이 존재하는 것 등을 인정하면서 본질적인 가치를 구현하기 위한 방법을 논의하는 출발점으로 삼았으면 합니다. 여느 때보다 힘든 상황이지만, 동료 교사와 함께 수업 이야기를 허심탄회하게 나누다 보면 지금의 어려움을 이겨 내는 힘을 얻을 수 있을 것입니다. 서로의 수업 기준을 존중하고 본질적인 목표를 향한 고민을 나눌 수 있다면 공감대가 많이 형성될 것입니다.

선생님들마다 수업에 대한 고민이 다르고, 어떤 수업이 바람직한가에 대한 시각도 다릅니다. 또한 온라인 수업은 대면 수업보다 공개하기 쉽고 콘텐츠라는 가시적인 형태로 드러나기 때문에 마치 선생님과 분리된 바람직한 수업 콘텐츠가 있는 것처럼 보이는 함정이 존재합니다.

그러나 중요한 것은, 온라인 수업, 그리고 대면 수업

과 온라인 수업이 병행되는 블렌디드 수업 상황에서도 우리의 고민은 아이들이 실제로 배우고 있는지, 그것을 위해 무엇이 필요한지에 맞춰져야 합니다. 그런 측면에서 교사 실재감과 그것을 실천하는 BEING 원리에 대한 창의적 적용을 다루는 이 책이 온라인 수업과 블렌디드 수업의 본질적인 고민을 정면으로 마주할 수 있는, 작지만 선명한 지침이 되기를 기대합니다.

■ 이 글은 '좋은교사운동'에서 2020년 4월 27일 진행한 온라인 정책 토론회에서 '수업과성장연구소' 신을진 대표가 발표한 글을 근거로 교사 실재감에 대한 개념을 온오프라인 수업의 새로운 패러다임으로 다시 풀어 쓴 것입니다.

온라인 수업, 교사 실재감이 답이다

2

온라인 이후, 블렌디드 수업과 교사 실재감

온라인 수업은 시간과 공간의 제약을 받지 않기 때문에, 코로나19 사태처럼 대면 수업이 어려운 상황에서 중요한 대안이 되었습니다. 많은 미래학자들은 이미 오래전부터 온라인 매체를 활용한 수업이 미래 교육의 중요한 모델이 될 것이라고 예상했습니다. 시공간의 제약을 받지 않는 온라인 수업은 학생이 학교에서 자신의 학습 수준에 맞지 않는 진도를 따라가느라 고생하지 않아도 되고, 몇 번이고 반복 학습을 할 수 있는 것은 물론 자신에게 적합한 학습 속도와 방법을 선택할 수 있기 때문입니다. 그래서 온라인을 통해 학습하는 교육 모델이 학습의 가장 큰 걸림돌인 강제성, 수동성, 지루함, 수준 차 등을 극복할 수 있는 적극적인 대안으로 고려되어 온 것입니다.

그러나 코로나19 사태로 갑작스럽게 시작된 온라인 수업에서 우리는 예상과는 많이 다른 경험을 했습니다. 교사는 익숙지 않은 온라인 플랫폼을 선택해 익혀야 했고, 낯선 온라인 매체 활용 방법을 단시간에 터득해야 했으며, 학생들은 아직 준비되지 않은 상태에서 온라인 수업이라는 낯선 상황으로 초대받았습니다. 온라인 수업의 능동성, 자발성, 개인 맞춤형 같은 강점이 발휘되기 어려운 상태에서 온라인 수업을 마주하게 된 것입니다. 온라인 수업이 우리 교육의 대안적 모델로 자리 잡으려면, 이렇게 반강제로 맞닥뜨린 문제들을 어떻게 해결할지가 중요합니다.

교육부에서 배포한 온라인 수업 관련 자료를 살펴보면, 현재 상황에서 시행되는 온라인 수업을 세 가지 형태로 제시했습니다(〈표2〉 참고). 온라인 수업 형태에 따른 학교, 교사, 학생의 역할도 제시했습니다(〈표3〉 참고).

그러나 실제 상황은 이런 안내로 해결되기에는 역부족이었습니다. 너무 많은 요인들이 관련되어 있었기 때문입니다. 각 학교별로 통일된 플랫폼과 수업 형태를 선택해야 했기 때문에 선생님들끼리 선택 사항을 조율하기가 쉽지 않았습니다. 그리고 선생님마다 온라인 매체에 익숙한 정도의 차이도 영향을 주었습니다. 또한 학교 내 갈등도 증폭되었습니다.

온라인 수업을 준비할 때뿐만 아니라 실제로 수업을 진행하면서 더 큰 고민에 부딪쳤습니다. 무엇보다도 학생들을 수업에 들어오게 하는 일이 생각보다 너무 어려웠습니다. 대면 수업에서는 학생들이 같은 공간과 시간 속에 있는 것이 아주 당연하지만, 온라인 수업에서는 그 출발선조차 지키지 않는 학생들이 있었습니다. 수업에 들어왔다 하더라도 학생들의 집중 정도나 과제 수행 정도를 통제하기가 몹시 어려웠습니다. 자기 주도 학습 능력이 있는 학생들은 별 문제가 없겠

표 2 온라인 수업의 운영 형태

구분	운영 형태
① 실시간 쌍방향 수업	• 실시간 원격 교육 플랫폼을 활용하여 교사·학생 간 화상 수업을 실시하며, 실시간 토론 및 소통 등 즉각적 피드백 ※ (화상 수업 도구 예시) 고교 온라인 공동교육과정, 네이버 라인웍스, 구루미, 구글 행아웃, MS팀즈, ZOOM, Webex 등 활용
② 콘텐츠 활용 중심 수업	• (강의형) 학생은 지정된 녹화 강의 또는 학습 콘텐츠를 시청하고 교사는 학습 내용 확인 및 피드백 • (강의＋활동형) 학습 콘텐츠 시청 후 댓글 등으로 원격 토론 ※ (예시) 강좌, 교사 자체 제작 자료 등
③ 과제 수행 중심 수업	• 교사가 교과별 성취 기준에 따라 학생의 자기 주도적 학습 내용을 확인 가능한 과제 제시 및 피드백 ※ (예시) 과제 제시 → 독서 감상문, 학습지, 학습 자료 등 학생 활동 수행 → 학습 결과 제출 → 교사 확인 및 피드백
④ 기타	• 교육청과 학교 여건에 따라 별도로 정할 수 있음

(출처: 교육부 온라인 수업 관련 안내자료)

온라인 수업, 교사 실재감이 답이다

표 3 온라인 수업의 역할

구분	원격 수업의 역할
① 실시간 쌍방향 수업	• **학교** 실시간 쌍방향 화상 수업 도구를 사용할 수 있도록 지원 • **교사** 학생들이 해당 화상 수업 도구에 접근할 수 있는 방법을 문자(메일) 등으로 제시한 뒤 전체 학생의 참여를 확인하고 진행 • **학생** 교사의 안내에 따라 화상 수업 도구에 접속, 수업 참여
② 콘텐츠 활용 중심 수업	• **학교** 학교 단위에서 활용할 학습 관리 시스템(온라인클래스, e학습터, 위두랑, 민간툴 등)을 별도로 지정하거나 교과·교사별로 활용할 수 있도록 원격 교육 계획 수립에 반영 • **교사** 학년·교과 특성에 따라 기존 콘텐츠 및 자체 제작 콘텐츠를 해당 학습 관리 시스템에 성취 기준별 학습 적정량으로 등록 • **학생** 학습 관리 시스템에 접속하여 교사의 등록 과제에 따라 학습을 수행(강의 시청, 퀴즈 풀이, 댓글 토론, 과제 수행, 질의응답 등)
③ 과제 수행 중심 수업	• **학교** 공정한 학습 관리 및 학습 적정량 등에 관한 철저한 확인·점검 • **교사** 성취 기준 및 학생 학습 시간 등을 고려하여 적정 과제를 학급 홈페이지, SNS 등에 게시, 전체 학생의 참여 여부 확인 • **학생** e학습터, 학급 홈페이지, SNS 등에서 수업 시간별로 제공되는 과제를 수행하여 학급 홈페이지, SNS 등을 통해 제출

(출처 : 교육부 온라인 수업 관련 안내자료)

지만, 그렇지 않은 대다수의 학생들은 온라인 수업 기간을 거치고 나면 학력 격차가 더 심해지리라는 것은 불을 보듯 뻔한 상황이었습니다.

대면 수업이 시작되자 그러한 우려가 눈으로 확인되었습니다. 시간과 공간의 제약이 없다는 것은 온라인 수업의 가장 큰 장점이지만, 학습자가 준비되지 않은 상태에서는 가장 큰 단점으로 작용할 수 있다는 것이 여실히 밝혀진 것입니다. 이에 대면 수업을 기다렸던 많은 선생님들은 그동안 만날 수 없었던 학생들을 직접 만났다는 반가움보다는 예상보다 심각한 학습 결손을 확인하게 되어 암담하다고 했습니다. 이것은 앞으로 온라인 수업을 활용하려고 할 때, 교육계가 정확하게 인식하고 적극적인 대처 방안을 마련해야 하는 문제입니다.

지금 우리는 온라인 수업과 대면 수업을 번갈아 시행하면서 만일의 경우에 대비한 교육 체제를 운영하고 있습니다. 이런 현실에서 어떻게 중심을 잡고 수업을 이끌어 가야 할까요? 우리는 온라인 수업과 대면 수업을 통틀어 학생들의 학습 몰입도와 만족도 그리고 학습 능력에 영향을 주는 '교사 실재감'이 지금 교육 현실에 매우 도움이 되는 개념이라고 판단했습니다.

교사 실재감은 학생이 '아, 우리 선생님이 여기 계시는구나. 나는 선생님의 도움을 받을 수 있구나!' 하고 느끼는 것을 뜻하는데, 이 교사 실재감이야말로 온라인 수업에서 학습에 아주 긍정적인 효과를 준다는 많은 연구 결과가 있습니다. 물론 온라인 수업에 영향을 끼치는 요인은 한두 가지가 아닙니다. 그러나 선생님들조차 정신을 차릴 수 없을 만큼 온라인 수업과 대면 수업을 바삐 오가는 상황에서 교사 실재감은 무엇을 어떻게 하면 좋을지 방향을 제시해 주리라 생각합니다. 낯선 온라인 수업에서도, 이전에는 익숙했지만 전혀 다른 상황처럼 느껴지는 대면 수업에서도 교사로서 이런 상황을 어떻게 받아들이고 대처해야 하는가에 대해 직관적인 방향을 제시해 준다는 뜻입니다. 실제로 많은 선생님들이 교사 실재감 개념을 구체적으로 접하면서 '그렇지! 온라인 수업이라 해도 학생들이 제대로 배우기 위해서는 교사인 내가 중심을 잡아야 해.' '온라인 수업에 익숙하진 않지만, 기술자가 아니라 교사로서 내가 무엇을 가르칠지 학생들에게 이야기하고 끝까지 버티겠어!' 이렇게 결심하는 모습을 보았습니다.

사실 교사 실재감은 복합적인 개념이고 학자마다 내린 정의도 다릅니다. 그러나 교사 실재감과 관련한 여러 학자들의 이론을 종합해 보면, 교사 실재감의 개념 안에는 크게 다른 두 가지 측면이 있습니다. 첫째는 가르치는 사람의 마음이나 태도 측면이고, 둘째는 가르치는 사람의 전문적 지식과 기술 측면입니다.

첫째 측면을 강조하는 시각에서는 교사 실재감이 마르틴 부버의 만남의 철학을 전제로 한다고 주장합니다. 교사가 열린 마음으로 학생을 대하고 관심을 적극적으로 표현할 때 학생들이 교사의 존재감을 경험하게 된다고 봅니다.

둘째 측면에서는 선생님이 학생들과 상호 작용을 많이 한다고 해서 저절로 교사 실재감을 느끼는 것이 아니라 선생님이 학습 내용을 선택하고, 조직하고, 제시하고 또 피드백 하는 과정을 통해 선생님의 수업 의도

온라인 수업, 교사 실재감이 답이다

를 더 분명하게 알아차릴 때 학생들이 교사 실재감을 느끼게 된다고 주장합니다. 그러기 위해서는 선생님이 학생들의 상태(신체적·정서적·인지적 상태를 모두 포함합니다)를 알고, 그것에 적극 개입하려는 의지가 필수적입니다.

물론 이것은 이론적인 개념 정의이기 때문에 개념으로만 구분될 뿐, 실제로 학교나 수업 현장에 적용될 때는 두 가지 측면이 긴밀하게 연결되어 서로 영향을 주고받습니다.

그런데 그렇더라도 교사 실재감을 학교 현장에서 실천하려고 하면 여전히 혼동되는 지점이 있습니다. 교사 실재감은 교사가 주도하는 느낌이 강한데, 정작 교사 실재감을 경험하는 주체는 학생이라는 것입니다. 이는 결국 교사 실재감은 선생님의 의도가 학생이 이해하는 형태로 변형될 때 비로소 구현될 수 있다는 의미입니다. '그래, 맞아. 교사가 정신 차리고 학생들을 가르쳐야지!' 이런 마음과 함께 '학생들에게 구체적으로 와닿게 하려면 어떻게 해야 할까?' 하는 두 가지 방

향의 고민을 모두 필요로 하는 것입니다. 그런데 '수업
과성장연구소'가 이 개념을 학교 현장에 보급하고 수
업에 적용되는 과정을 관찰해 보니, 조화되기 어려울
듯한 이 두 가지 메시지를 많은 선생님들이 의외로 쉽
게 소화해 내셨습니다.

이 책의 2부에 소개하는 선생님들의 사례에도 그와
같은 내용이 있습니다. 수업에서 학생들이 배웠으면
하는 메시지를 구체적으로 전달하면서도, 학생들이 집
중하는 시간이 짧다는 조건을 감안해서 영상 촬영 장
소나 수업 진행 방식에 변화를 주면서 두 가지 메시지
를 담아냈습니다.

온라인 수업뿐 아니라 대면 수업에서도 마찬가지였
습니다. 이미 온라인 수업을 진행했지만 상당수 학생
들이 수업에서 다룬 내용을 이해하지 못하고 있다는
사실을 대면 수업을 통해 알게 되자 선생님은 수업 내
용을 더 짧게 끊어서 쉽고 분명하게 다시 설명했습니
다. 그리고 중간중간 확인하는 과제를 넣는 등, 학생들
이 어떤 내용을 이해하지 못하면 결코 다음으로 넘어

가지 않겠다는 강한 의지를 보여 주었습니다.

이와 같이 교사 실재감이 주는 메시지는 실제 수업에 창의적으로 적용될 수 있습니다. 교육부에서 제시한 여러 수업 플랫폼과 강의 형태는 학교에서 자유롭게 선택할 수 없는 경우가 많습니다. 기술적 제약이 따를 뿐만 아니라 학교 선생님들끼리의 조율이 필요하기 때문입니다. 그러나 이러한 어려움을 무릅쓰고 교사 실재감을 실천하기 위해 온라인 수업에서 다양하게 노력한 선생님들은 대면 수업이 시작된 뒤에는 그 상황에 맞게 또 다른 시도를 하는 것을 볼 수 있었습니다.

교사 실재감이 담고 있는 메시지는 특정한 방법을 지시하기보다는 선생님의 가장 중요한 장점을 온라인 수업과 대면 수업 상황에 적극적으로 활용하게 합니다. 전혀 준비되지 않은 채 갑작스럽게 맞이한 온라인 수업도, 여전히 혼란스러운 블렌디드 수업도, 문제 해결을 위한 출발점은 바로 선생님 자신에게 있기 때문입니다.

1탄
교육부 발표
교육부
실시간 쌍방향 수업
콘텐츠 활용 중심 수업
과제 수행 중심 수업
갑자기
플랫폼을 결정하고
내 수업 방법까지?
화가 난다아!

온라인 개학!

사상 초유의 사태, 온라인 개학이라니요?
처음엔 믿을 수 없었어요 ㅠㅠ

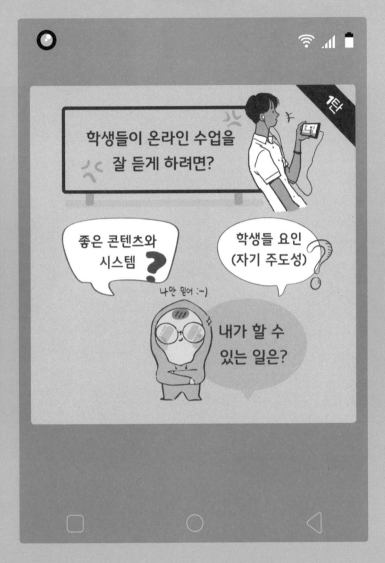

완벽한
플랫폼보다
중요한 것은?

화려한
콘텐츠보다
중요한 것은?

교사
실재감

teaching presence

실재감(presence)이란 학생이 선생님이 어딘가에 존재한다고 느끼고
학생 자신도 그 속에 있다고 느낌으로써 학습을 가능하게 하는 것을 뜻한다.
연구 결과 교사실재감은 학습의 만족도, 효과성에 긍정적인 영향을 끼쳤다.

교수 실재감 : 개리슨, 앤더슨, 아처 (2000)

감 잡았어

1탄

감을 잡으셨다면?
샘 스타일에 맞게 적용해 보세요.

조금 더 알고 싶다면?
카드뉴스 2탄을 기대하세요.

응원합니다~

화잇 나위!

1. 선생님이 경험한 온라인 수업의 장단점을 이야기해 봅시다. 지금 사용하는 플랫폼의 장단점을 포함하여 이야기하셔도 좋습니다.

2. 온라인 수업과 대면 수업을 병행하는 과정에서 발견한 학생들의 특성은 무엇인지 이야기해 봅시다.

3. 교사 실재감과 관련해서, 나의 수업 상황과 연결되는 점은 무엇인지 이야기해 봅시다.

3

교사 실재감의
네 가지 실천 원리
: BEING

 이제 학생들이 온라인 수업에서도 교사 실재감을 경험하게 하는 실천 원리를 구체적으로 살펴보겠습니다. 교사 실재감과 관련된 연구가 많아서 처음에는 '무엇을 어떻게 하면 교사 실재감을 구현할 수 있는가?'는 어렵지 않게 알 수 있으리라 생각했습니다. 그런데 이를 구체적으로 제시한 연구는 예상보다 많지 않았습니다. 여러 연구에서 교사 실재감의 실천 원리로 제시하는 내용은 일반적이고 추상적인 내용이 대부분이었습니다. (32쪽, 〈표1〉 참고)

그래서 저는 '수업과성장연구소' 선생님들과 함께 기존의 연구들을 활용하는 한편 지금 온라인 수업을 하고 있는 선생님들의 심층 면접 자료를 종합하여 학교 현장에 적용할 수 있는 교사 실재감의 실천 원리를 다음과 같이 네 가지로 정리했습니다.

제1원리	연결되는 관계 만들기	(Building relationship)
제2원리	교사 존재감 나타내기	(Showing my Existence)
제3원리	수업의 흐름 이끌기	(Taking INitiative)
제4원리	피드백으로 다가가기	(Giving feedback)

교사 실재감 실천 원리 1. 연결되는 관계 만들기 Building relationship

교사 실재감의 첫 번째 실천 원리는 '연결되는 관계 만들기'입니다. 이것은 대면 수업에서뿐만 아니라 온라인 수업에서도 가장 우선적으로 필요한 원리입니다. 대면이든 온라인이든 수업을 진행하려면 학생들이 선생님의 강의를 들어야 합니다. 그리고 자신이 아는 것과 모르는 것을 구분해서, 모르는 것은 질문 등을 통해 알아 가야 합니다. 만약 어떤 이유에서든 학생이 그저 듣고만 있거나 필기만 하고 자신이 모르는 것을 물어보거나 서로 논의할 수 없다면 사실상 수업이 이루어진다고 보기는 어려울 것입니다. 무늬(?)만 수업인 셈이지요. 따라서 대면 수업과 마찬가지로 온라인 수업에서도 '관계'를 만드는 일이 선행되어야 합니다.

온라인 수업은 가상공간에서 이루어지는 일이고 실제로 만나는 것도 아닌데 '관계'를 강조할 필요가 있을까요? 역설적이지만, 그렇기 때문에 오히려 더 강조할 필요가 있습니다. 온라인 수업을 하려면 준비할 것이 너무 많아서 '관계'는 우선순위에서 밀릴 가능성이 높습니다. 실제로 학생들을 온라인 수업에 들어오게 하려면 대면 수업보다 준비할 것이 더 많습니다. 아이디나 비밀번호를 잊어버려서 로그인을 못 하는 학생, 늦잠을 자서 깨워야 하는 학생 등 챙겨야 할 일이 무척 많지요. 그리고 나면 선생님의 에너지는 수업이 시작되기도 전에 다 소진돼버립니다. 학생들과의 관계를 중요하게 여기지 않아서가 아니라, 다른 것을 준비하

느라 우선순위가 바뀔 수 있다는 뜻입니다.

물론 대면 수업 때도 늘 여유롭게 학생들을 만나는 것은 아닙니다. 그러나 대면 수업에는 선생님이 의도하지 않아도 자연스럽게 이야기할 기회가 있고, 선생님이 미처 신경 쓰지 못하더라도 학생들끼리 친해지기도 합니다. 그러므로 어떤 형태로든 수업을 위한 관계 만들기가 가능합니다. 그런데 온라인 수업은 그럴 가능성이 매우 낮습니다. 같은 온라인 수업 공간에 모두 들어와 있어도 '익명성' 뒤에 숨어 있을 수 있습니다. 반드시 대답해야 하는 경우가 아니라면 말을 하지 않아도 됩니다. 누가 자신을 보고 있거나 관심을 기울이고 있을 것이라는 생각이 잘 들지 않습니다. 실제로 이런 마음 상태, 즉 '낯섦' '두려움' '심리적 거리감' 등은 학생들이 수업에 집중하거나 적극적으로 참여하는 것을 어렵게 합니다. 이런 상태에서는 출석을 체크한 다음에도 자신의 생각을 이야기하거나 적극적으로 수업에 참여하는 것은 쉽지 않습니다. 그래서 이런 익명성을 벗어나 자신을 드러내고 의견을 표현하게 하는 것

온라인 수업, 교사 실재감이 답이다

이 온라인 수업의 출발점이 됩니다.

온라인 수업에서 학생들은 연결된다는 느낌을 지니지 못한 채 외로운 섬처럼 분리된 존재로 인식할 가능성이 높으며, 심지어 화면에 자신이 등장하더라도 타인이 자신을 보고 있다고 느끼지 못합니다. 그런 상태에서는 막연히 수업을 '관찰'하거나 '구경'할 수는 있어도 '참여'하는 것은 어렵습니다. 따라서 온라인 수업에서 학생들과 관계를 만들어 간다는 것은 학생들이 온라인 공간에서 자신을 드러내고 의견을 표현하며, 다른 사람들과 연결되어 있는 존재로 자신을 지각하게 한다는 말이기도 합니다.

만약 온라인 수업을 할 때 아무리 열심히 해도 학생들의 참여도가 낮고 심리적 거리감이 여전히 존재한다면, '관계 만들기'에 좀 더 주력할 필요가 있습니다.

그렇다면 이를 위한 구체적인 방법에는 어떤 것이 있을까요?

❶ 대면 수업과 마찬가지로 온라인 수업에서도 학생

에 관해 더 많이 알수록 관계 형성에 도움이 됩니다. 개인적으로 아는 것이 많아야 다양한 형태로 연결 고리를 만들 수 있기 때문입니다. 특히 초등학교에서는 관계가 수업에 주는 영향력이 절대적입니다. 그러나 중고등학교에서는 선생님이 만나는 학생 수가 상대적으로 많아서 이런 노력이 쉽지 않습니다. 그럴 때는 학생들이 제출한 과제나 응답 내용 등을 기억해 두고 수업할 때 자주 활용하는 것도 한 방법입니다. 중요한 것은 학생들을 다양한 방법으로 알기 위해 노력하는 것입니다.

❷ 수업 콘텐츠를 제작하거나 쌍방향 수업을 할 때 되도록 학생들의 이름을 많이 기억하고 언급하는 것도 도움이 됩니다. 이렇게 하면 선생님뿐 아니라 수업 콘텐츠도 학생 자신과 무관한 것이 아니라는 느낌을 줄 수 있습니다. 만약 이름을 언급하는 데 어려움이 있다면 제출한 과제 내용을 구체적으로 언급하는 방법도 좋습니다. 다른 학생들

온라인 수업, 교사 실재감이 답이다

은 모르더라도 과제를 제출한 학생은 자신의 과제가 언급된다는 것을 알기 때문에 수업에 대한 집중도가 달라질 것입니다.

❸ 선생님의 자기 개방도 매우 중요합니다. 선생님이 먼저 학생들이 기꺼이 다가갈 수 있는 존재로 인식되어야 학생들도 자신을 드러낼 수 있는 용기를 얻습니다. 이것은 수업 콘텐츠에 반드시 선생님의 얼굴을 드러내야 한다거나 쌍방향 수업을 해야 한다는 것을 뜻하지는 않습니다. 방법은 다양합니다. 아바타를 사용할 수도 있고, 목소리만 등장할 수도 있습니다.

중요한 점은 온라인 수업을 통해서 선생님이 어떤 분인지, 좋아하는 것 또는 싫어하는 것은 무엇인지, 어떤 수업을 하려고 하는지 등 크고 작은 정보를 알려 주는 것, 즉 선생님 자신을 학생들에게 보여 주는 것입니다. 아무래도 온라인 공간에서는 같이 공부하는 다른 학생들보다 선생님이 더 먼저 눈에 들어오기 때문에, 학생들이 선생님을 개인적으로 많이 안다고 느낄수록 학생들도 자신을 드러내기가 쉬워질 것입니다.

❹ 학생들끼리의 연결은 어떻게 가능할까요? 먼저 수업의 형태로 그 가능성을 높일 수 있습니다. 콘텐츠나 과제 중심 형태보다 쌍방향 수업 형태에서 아마도 학생들끼리 가까워질 기회가 많아질 테니까요. 그러나 이것은 필요조건은 될 수 있어도 충분조건은 되지 않습니다.

실제로 선생님이 '줌(ZOOM)'이나 '행아웃(HangOut)' 같은 화상 프로그램을 사용하는 경우에도 학생들이 얼굴을 잘 보여 주지 않거나 상호 작용이 거의 없는 경우도 종종 있습니다. 온라인 조회나 종례 때는 어느 정도 이야기하다가도, 막상 수업 시간이 되면 서로 말하는 것을 어색해하기도 합니다. 그것은 온라인 수업에서 연결되는 것이 학생들에게 아주 자연스러운 일은 아니라는

온라인 수업, 교사 실재감이 답이다

의미입니다. 이처럼 온라인 수업에서의 상호 작용은 낯설고 익숙하지 않은 내용을 자신을 잘 모르는 사람들 앞에서 드러내야 한다는 부담이 있습니다. 연습이 필요합니다.

❺ 학생들이 서로 연결되는 관계를 만들 수 있게 하려면 어떻게 연습하면 될까요? 복잡하게 생각하기보다 연습의 기본 원리, 즉 '쉬운 단계부터, 천천히'를 적용하면 좋겠습니다. 그러니까 학생들이 이야기를 쉽게 할 수 있는 조건을 만들거나 과제부터 접하게 해 보세요.

예를 들어 개별 과제를 제시하여 각자의 의견을 적어 보게 하는 것은 과제가 너무 어렵지만 않다면 쉽게 할 수 있는 방법입니다. 처음에는 다른 학생들에게 보이지 않게 그리고 조금 익숙해지면 다른 학생들도 볼 수 있는 형태로 전환해 보세요. 여기에서 더 나아가면 서로의 과제에 대해 피드백을 작성하는 형태가 될 수도 있습니다.

수업과 관련된 대화나 논의를 하게 하려면 처음에는 얼굴을 보는 것보다 채팅 창에 자신의 이야기를 단답식으로 적는 것부터 시작하는 게 편할 것입니다. 이것이 어느 정도 가능해지면 쉬운 주제부터 토론을 시작할 수 있습니다. 아직 관계가 만들어지지 않은 초기에는 결과의 완성도보다 수업에서 나누는 대화를 안전하다고 느낄 수 있게 하는 데 초점을 맞추고, 학생들의 참여와 대화 수준을 천천히 조정해 가야겠지요.

교사 실재감 실천 원리 2. 교사 존재감 나타내기 Showing my Existence

교사 실재감의 두 번째 실천 원리는 '교사 존재감 나타내기'입니다. 온라인 수업이 시작되면서 학교는 EBS 수업 영상이나 유명 스타 강사들의 콘텐츠를 수업 자료로 활용하거나 수업 자체를 대체할 수 있도록 허용했습니다. 이러한 조치는 온라인 수업을 좀 더 쉽게 하는 데 도움이 된 반면에, 선생님들에게 스타 강사와 자신이 비교되는 것은 아닐까 하는 염려를 안겨 주기도

온라인 수업, 교사 실재감이 답이다

했습니다.

많은 제작 지원을 받는 콘텐츠와 혼자서 계획, 설계, 제작, 업로드에 운영까지 해야 하는 선생님의 수업 콘텐츠가 결코 같은 수준이 될 수 없다는 사실을 잘 알면서도 걱정이 되고, 온라인 수업 자체보다 이렇게 비교되는 상황에 대한 스트레스를 더 크게 받기도 했습니다.

이 과정에서 일부 선생님들은 잘 만들어진 외부 콘텐츠를 그대로 활용하거나 자신의 모습을 가급적 드러내지 않고 필요한 내용 전달에만 집중하는 형태로 수업을 만들어 자신을 방어하는 시도를 했습니다. 실제로 이런 외부의 시선이 있었는지 여부는 별로 중요하지 않습니다. 그것을 의식하는 순간 많은 부담감을 안고 수업을 해야 하므로 결과는 같을 것이기 때문입니다.

그러면 우리는 온라인 수업이 필요할 때마다 외부 스타 강사들이 만든 콘텐츠에 의존해야 하는 걸까요? 아니면 얼른 기술을 익히고 실력을 쌓아서 스타 강사들과 견줄 만한 콘텐츠를 만들어야 하는 걸까요?

교사 실재감의 두 번째 실천 원리인 '교사 존재감 나

타내기'는 전혀 다른 관점을 말하고 있습니다. 온라인 수업에서 학생들이 집중할 수 있게 하는 중요한 요인 중 한 가지가 바로 선생님의 존재에 대한 인식이라는 점입니다. 이것은 선생님이 단지 물리적으로만 온라인 강의실에 있는 것이 아니라 학생들을 위해 어떤 의도로 수업을 준비했고 또 어떤 방향으로 이끌고 싶은지 등을 충분히 알게 하는 것입니다. 화려하고 세련된 콘텐츠를 만들어 내는 것과는 다른 것이지요.

이것은 학생들에게 '어? 이 수업은 우리 선생님이 하는 수업이네!' 하는 친근감을 줄 수 있고, '아, 우리 선생님이 우리랑 같이 있구나!' 하는 유대감을 줄 수 있습니다. 선생님의 수업을 좀 더 진지하게 생각하는 학생이라면 '선생님은 우리에게 이런 것을 알려 주고 싶어 하시는구나.' 이런 반응을 보이기도 하겠지요. 반응의 형태는 다양하겠지만 이제 학생들은 자신과 전혀 관련이 없는 '누구'가 하는 수업이 아니라 자신이 알고 있는 선생님이 등장하는 수업을 보고 그에 대해 반응하게 된다는 것입니다.

흥미로운 점은, 이렇게 '아는 존재'로 선생님이 보이게 될 때 적어도 그 학생은 선생님이 만든 수업 콘텐츠를 더 이상 외부의 시선으로 비교하지 않는다는 사실입니다. 그리고 학생들이 수업을 그런 눈으로 바라보고 있다는 것을 알게 되면 선생님도 익명의 다수를 향한 수업이 아니라 내가 알고 있는, 나를 기다리고 있는 학생을 위한 수업을 하게 됩니다. 그 결과, 외부의 시선에서 비롯된 압박감을 상당히 벗어날 수 있게 됩니다.

그런 점에서 교사 실재감의 두 번째 실천 원리인 '교사 존재감 나타내기'는 첫 번째 실천 원리인 '연결되는 관계 만들기'와 매우 밀접한 관련이 있습니다. 선생님이 누구인지, 어떤 교육 의도를 지니고 수업을 진행하는지 인식하게 될 때, 즉 선생님의 존재를 분명하게 인식하게 될 때 온라인 수업 공간은 낯설고 어색한 공간에서 익숙하고 다가갈 수 있는 관계로 만들어진 공간으로 변하는 것이니까요.

그러면 이제 온라인 수업에서 '교사 존재감 나타내기'를 위한 방법을 더 구체적으로 살펴보겠습니다.

❶ 선생님의 존재감을 나타낸다는 것은 '있는 그대로의 내가 되는 것'을 전제로 합니다. 이것은 전혀 다른 누군가(매우 멋지고 화려해 보이는 사람이라 해도)처럼 하는 것이 아니라, 자신이 이미 지니고 있는 장점과 자원을 구체화하고 이를 드러내는 방식으로 선생님의 모습을 보여 주는 것입니다.

조금 더 구체적으로, 수업 시간에 학생들에게 매력적으로 보였던 자신의 특징이 무엇인지 떠올려 보십시오. 예를 들어 '나는 독특한 억양으로 학생들을 집중시켰었지.' 또는 '나는 계속 생각하게 하는 질문을 던지며 수업을 끌어갔었지.' 이런 식으로 쉽게 떠올릴 수 있는 특징이면 충분합니다. 이 특징을 온라인 수업이라고 해서 감추거나 중립적인 형태로 표현하기보다는 더 잘 살릴 수 있는 방법을 생각해 보시면 좋습니다.

존재감을 나타내는 첫 번째 방법은 선생님의 특징과 색깔을 있는 그대로 잘 살리는 것에서 시작

온라인 수업, 교사 실재감이 답이다

됩니다. 누가 보고 있다고 생각해서 중립적인 말투와 매끄러운 진행으로 선생님의 모습을 감출 필요는 없습니다. 학생들에게는 선생님의 모습을 잘 느낄 수 있는 수업이 가장 집중이 잘되는 수업입니다.

❷ 선생님의 존재감을 나타낸다는 것은 겉으로 보이는 개성을 드러내는 데 그치지 않습니다. 그보다 더 중요한 것이 있습니다. 바로 선생님이 평소 수업에서 중요하게 생각하는 가치를 포기하지 않고 실천하는 의지입니다.

2부에서 소개할 음악 선생님을 예로 들어 보겠습니다. 선생님은 평소 수업을 할 때 학생들이 음악을 어려워하지 않고 즐기면서 배우는 것을 가장 중요하게 생각했습니다. 그런데 느닷없이 온라인 수업 상황에 맞닥뜨렸습니다. 대면 수업에서 선생님은 학생들에게 다양한 악기를 연주해 보는 기회를 주거나, 노래를 썩 잘하지 못하는 학생들도 즐겁게 이끌면서 연습을 통해 성취감을 경험하게끔 해 왔습니다. 대면 수업에서는 이런 지향을 실현할 수 있는 수업 노하우를 상당히 갖춘 상태였으니까요.

그러나 온라인 수업에서는 어떻게 해야 할지 전혀 알 수가 없었습니다. 다른 영상을 그대로 활용할까 고민도 했습니다. 그러나 고심 끝에 드디어 온라인 수업에서도 선생님이 중요하게 생각하는 것을 구현할 수 있는 방법을 찾아냈습니다. 예를 들어 학생들에게 가르쳐 주고 싶은 노래 한 곡을 학생들이 두세 소절씩 나누어 부르게 한 다음, 이를 전체 곡으로 편집해서 공유하는 방법으로 수업을 진행했습니다. 선생님에게 중요한 것은 방법 그 자체보다는 온라인 수업에서도 선생님이 원하는 수업을 구현할 수 있는 방법을 차근차근 찾아 나가는 것입니다.

❸ 선생님의 존재감이 드러나는 콘텐츠는 화려한 기

술이나 고난도의 편집 기술이 아닙니다. 선생님이 학생들에게 보여 주고 싶은 수업의 지향점을 향해 나아가려는 노력의 표현이라고 봐야 합니다. 앞에서 예로 든 음악 선생님의 수업 영상에도 학생들의 시선을 사로잡을 만한 다양한 화면 구성이 있었습니다. 선생님의 개성이 드러나는 의상과 배경 화면이 등장하기도 하고, 다양한 음악 콘텐츠가 삽입되기도 했습니다.

그러나 선생님이 의미를 두는 지점은 화려한 콘텐츠를 만드는 데 있지 않았습니다. 선생님은 자신의 색깔이 드러나지 않는 무난한 음악 수업을 만드는 것을 목표로 삼지 않았습니다. 선생님은 그동안 학생들과의 수업에서 중요하게 지켜온 것을 온라인 수업에서도 포기하지 않고 표현하는 데 목표를 두었습니다. 그리고 성공을 거두었습니다. 가장 선생님다운 수업이 학생들과 선생님 모두에게 가장 좋은 수업이 될 수 있다는 의미입니다.

교사 실재감 실천 원리 3. 수업의 흐름 이끌기 Taking INitiative

교사 실재감의 세 번째 실천 원리는 '수업의 흐름 이끌기'입니다. 이것은 수업을 선생님이 전적으로 주도하는 형태, 즉 교사 중심적인 수업을 권장한다는 의미가 아닙니다. 오히려 그 반대입니다. '수업의 흐름 이끌기'는 일방적인 지식 전달에 치우치지 말고, 그동안의 대면 수업을 통해 파악한 학생들에 대한 이해가 온라인 수업에 반영되도록 내용의 흐름을 이끌어 간다는 의미입니다. 그런 점에서 교사 중심적 접근이라기보다는 학생 중심적 접근이라고 볼 수 있습니다.

그런데 왜 이렇게 교사의 강한 주도성을 강조하는 표현을 썼을까요? 그 이유는, 온라인 수업 환경에서는 흘러가는 대로 내버려 두면 학생의 수준과 상태에 초점이 맞춰지기보다 교과서나 교육 과정에 제시된 공식적이고 형식적인 수준에 초점을 맞추게 되기 때문입니다. 온라인 수업에서는 학생의 상태가 잘 보이지 않기 때문에 일반적으로 교과서에 제시된 내용에 수준을 맞추는 것이 안전해 보이는 것입니다.

대면 수업에서는 주어진 교육 과정과 교과서로 수업을 하더라도, 학생들의 반응을 보면서 '아이들에게는 이 내용이 어렵구나.' '우리 아이들은 이런 경험을 한 적이 없어서 이 내용이 생소하겠어.' 이렇게 학생들의 상태를 파악할 수 있고, 정도의 차이는 있지만 그에 맞게 수업의 흐름을 수정해서 이끄는 것이 가능합니다. 그러나 온라인 수업에서는 학생들의 반응을 즉각적으로 파악하기 어렵습니다. 그래서 학생보다는 교육 과정을 더 염두에 두고 수업할 가능성이 높지요.

대면 수업에서는 선생님이 학생에 대해서 알고, 진단하고, 또 그에 맞게 수정하는 과정이 자연스럽게 이루어졌다면, 온라인 수업에서는 수업에 대해 학생들이 어떤 상태인지 – 알아듣는가? 아니면 어려운가? 재미있어하는가? 아니면 지루해하는가? 등 – 를 파악하기 위해 더 의식적으로 노력해야 합니다. 또한 일반적인 교육 과정을 무조건 따라가지 말고, 가르치고 있는 아이들의 수준과 상황에 맞는 수업의 흐름을 훨씬 주도적으로 만들어야 합니다. 그래야 학생들과 분리된 수업이 되지 않을 수 있습니다. 그래서 선생님이 수업의 흐름을 이끌어 간다는 점을 강조한 것입니다.

많은 선생님들이 잘 만들어진 EBS 수업 영상을 그대로 링크 걸지 못하고 고민하는 이유가 바로 여기에 있습니다. 잘 만들어지고 강사도 설명을 잘했지만, 이대로 학생들이 계속 EBS 수업을 듣는다면 학생들 수준보다 어려워서 결국 수업을 포기하게 될 거라는 판단 때문이지요. "몇 주 동안 EBS로 수업을 하다 보니 학생들이 제 과목을 재미없다고 느낄까 봐 걱정했어요. 우리 아이들은 아직 EBS를 따라갈 수 있는 수준은 아니어서요. 그래서 제가 직접 수업 영상을 만들어야겠다고 생각했어요." 이 말을 했던 선생님은 자신이 파악한 학생들의 상태를 외면하지 않고 온라인 수업을 학생들 수준에 맞는 형태로 만들 용기를 내었습니다.

그러나 누구나 수업 영상을 직접 만들어야 한다는 말이 아닙니다. 외부 수업 콘텐츠를 활용하더라도 어려워서 따라가지 못하는 학생들이나 그 수준을 넘어설 수 있는 학생들에게 필요한 자료와 과제, 영상 등을 추

온라인 수업, 교사 실재감이 답이다

가로 제공하는 형태로 수업을 끌고 갈 수도 있습니다.

중요한 것은 선생님이 직접 수업 콘텐츠를 만들었는지 또는 쌍방향 수업을 했는지가 아니라, 선생님이 학생들의 수준에 얼마만큼 다가가려고 했으며 수업의 흐름을 어떻게 이끌려고 했는지입니다. 이는 선생님 자신을 교과 내용을 잘 아는 전문가로만 인식하는 것이 아니라, 학생들의 수준을 정확하게 파악하고 수업 내용을 그에 맞게 다시 구성할 수 있는 전문가로 인식한다는 것 그리고 그것을 온라인 수업에서도 포기하지 않는다는 것을 의미합니다.

온라인 수업에서는 학생들을 직접 만나거나 상태를 확인하기가 상대적으로 어렵습니다. 그나마 조금 나은 쌍방향 수업도 대면 수업에 견주면 학생들의 상태를 알 수 있는 정보가 매우 적습니다. 그러면 구체적으로 어떻게 해야 학생들의 상태를 알 수 있고, 또 이것을 반영해 수업의 흐름을 이끌 수 있을까요?

❶ 선생님이 도달하고자 하는 수업 목표를 학생의

처지에서 되돌아봐야 합니다. 교과 지식 전달 자체보다 그것을 통해 궁극적으로 어떤 역량을 키워 주고 싶은지를 구체화해야 합니다. 같은 내용을 가르치더라도 선생님마다, 수업마다 다를 것입니다.

2부에서 소개할 과학 선생님을 예로 들어 보겠습니다. 선생님은 수업 목표를 '과학적 현상을 당연하게 여기지 않고 궁금해하고 호기심을 느끼며 탐구하는 모습'으로 구체화했습니다. 목표를 구체화할 수 있었기 때문에 선생님은 교과 내용을 전달한 것에 만족하지 않고 학생들이 목표에 얼마나 가까이 도달했는지를 확인했습니다. 또한 목표에 더 다가가려면 어떻게 해야 하는지 꾸준히 관심을 기울이며 수업을 했습니다. '가르친 것'이 곧 '배운 것'이라고 생각하는 함정을 피한 것이지요.

❷ 온라인 수업은 선생님의 직접적인 설명을 중심으

로 진행된다는 점을 감안할 필요가 있습니다. 쌍방향 수업에서는 즉각적인 상호 작용이 가능하지만, 학생들의 자발성이 높지 않으면 대부분의 수업을 선생님이 끌어가게 됩니다. 많은 선생님들이 바로 이 점을 힘들어합니다. 수업 형태 자체가 힘든 게 아니라(오히려 이런 형태가 익숙한 경우가 많습니다), 학생들이 집중하지 못한다는 것을 그동안의 경험을 토대로 충분히 짐작할 수 있기 때문에 힘든 것입니다.

대면 수업보다 온라인 수업에서 이런 특성이 더 많이 나타난다는 것은 잘 알려진 사실입니다. 보통 온라인 수업의 20분이 대면 수업의 60분에 해당하는 집중력을 요구합니다. 따라서 대면 수업의 흐름을 40~50분 단위로 계획한다면, 온라인 수업은 수업의 흐름을 10분 단위로 계획하는 것이 좋습니다.

이것은 수업을 10분만 한다는 뜻이 아닙니다. 일반적으로 대면 수업은 40~50분의 시간을 기본적으로 가정하고 도입(동기 부여) - 내용1(활동 1) - 내용2(활동2) - 평가와 같은 흐름으로 계획하지만, 온라인 수업은 세부 목표나 내용을 구분하여 도입(동기 부여) - 내용 - 평가와 같은 흐름으로 10분 단위의 2~3개 수업 내용을 계획하는 것이 학생들의 집중력을 유지하는 데 도움이 됩니다.

❸ 온라인 수업의 내용이 학생들 수준에 적절한지를 가늠하기는 결코 쉬운 일이 아닙니다. 그렇지만 대면 수업의 경험을 토대로 추측해 보면 간극이 존재할 가능성이 높습니다. 그래서 구글 설문지 등으로 학생의 이해 정도를 묻거나 간단한 퀴즈로 확인할 필요가 있습니다. '이건 너무 쉽지 않을까' 염려하면서 온라인 수업을 제작·진행했는데 학생들의 학습 차이가 의외로 너무 커서 놀라는 때가 자주 있습니다.

❹ 온라인 수업과 관련된 다양한 촬영 방법, 편집 도구, 프로그램 사용법을 열린 마음으로 배우되, 이것을 배우는 것이 내 수업에서 왜 필요한지를 구체화하는 일이 먼저 필요합니다. 목적과 수단의 위치가 바뀌지 않기를 기대하는 것입니다. 그러지 않으면 무한한 도구의 바다에서 길을 잃어버릴 수도 있습니다.

이번에도 과학 선생님의 예를 들어 볼까요? 처음 온라인 수업을 시작할 때만 해도 선생님은 자기 수업의 특성에 맞춰 익숙하게 사용할 수 있는 온라인 도구나 프로그램이 거의 없었습니다. 그러나 학생들이 스스로 생각하고 서로 의견을 나누게 하고 싶은 마음에 학생들이 편하게 과제를 올리고 댓글을 달 수 있는 방법을 찾다가 '패들렛(Padlet)'을 활용했습니다. 또한 과감하게 쌍방향 소통이 가능한 '줌'을 활용하기도 했습니다.

선생님에게 중요한 것은 학생들이 배우게 하는 것이었기 때문에 그것을 위해 낯선 프로그램들이 주는 두려움을 하나씩 극복해 갈 수 있었습니다. 그러나 만약 선생님이 중요하게 생각하는 우선순위가 바뀌었다면 끝도 없이 등장하는 새로운 프로그램의 홍수에 빠지거나 아예 그런 방법에 대해 마음을 닫았을지도 모릅니다.

교사 실재감 실천 원리 4. 피드백으로 다가가기 Giving feedback

교사 실재감의 네 번째 실천 원리는 '피드백으로 다가가기'입니다. 온라인 수업에서 학생들은 교사뿐 아니라 다른 학생들과도 연결되지 않고 고립되어 있습니다. 따라서 대면 수업에서는 자연스럽게 파악할 수 있는 수업 관련 정보를 얻기가 쉽지 않습니다. 수업 관련 정보에는 지금은 무엇을 배우는 시간인지, 진도는 어디까지 나갔는지, 이 시간에는 뭘 해야 하는지 등이 포함됩니다. 즉, 온라인 수업은 또래를 통해 배울 수 있는 기회가 부족하고, 학습 과정에서 어려움이 생겨도 곧바로 도움을 받을 수 있는 즉시성이 현저하게 떨어지는 특성이 있습니다. 이런 문제점이 해결되지 않고 쌓이면 학생들은 수업에서 방향을 잃을 가능성이 높아집니다.

그런 점에서 '피드백으로 다가가기'는 중요한 의미가 있습니다. 선생님의 피드백은 현저한 학습 능력의 차이, 정보와 관련 자원의 차이 등을 극복할 수 있게 하는 중요한 자원이기 때문입니다.

선생님의 피드백은 수업에서 다양한 기능을 합니다. 출결이나 과제 제출에 대한 단순한 확인 기능부터 학생들이 수업 내용을 어떻게 이해하고 있는지를 확인하는 기능, 더 나아가 학생의 현재 수준과 도달해야 하는 수준 간의 격차를 좁힐 수 있는 심도 깊은 가르침 기능까지 있습니다. 또한 온라인 수업에서 상대적으로 활용하기 어려운 또래 학생들과의 상호 작용을 대신해 줄 수도 있고, 또래 학생들끼리 적극적인 상호 작용을 통해 서로의 학습을 촉진하게 할 수도 있습니다.

대면 수업에서도 피드백은 선생님이 가르친 내용과 학생들의 학습 사이의 간극을 해결하고 성취 목표에 도달하게 하는 매우 중요한 기능을 하지만, 시간과 장소의 제약을 받지 않는 온라인 수업은 피드백을 더 자유롭게 할 수 있다는 장점이 있어서, 많은 선생님들이 온라인 수업의 가장 두드러진 장점으로 꼽기도 합니다.

그런데 이런 장점에도 불구하고, 실제로 '피드백'을 하려면 인원이 너무 많다고 느끼거나 피드백 수준을 어느 정도로 해야 할지 고민이 됩니다. 간단한 확인 정도는 피드백 구실을 거의 못 하는 것처럼 보이고, 자세하게 하려면 아예 수업을 다시 하는 편이 낫겠다는 생각이 들 정도로 필요한 피드백의 수준과 방법은 너무도 다양하기 때문입니다.

더 기운이 빠지는 경우는 힘들여 일일이 피드백을 해도 학생들이 진지하게 받아들이지 않거나 잔소리처럼 여길 때입니다. 그런 상황을 만나면 이렇게 시간을 많이 할애해서 피드백 하는 것이 과연 무슨 소용인가 하는 회의감이 밀려올 것입니다. 기껏 시간과 노력을 기울였는데, 학생들이 오히려 귀찮아하거나 관계가 멀어지는 느낌이 들 때는 당장이라도 포기하고 싶은 마음까지 들 것입니다.

그렇다면 온라인 수업에서 어떻게 '피드백'을 하는 것이 좋을까요? 적어도 피드백을 하면서 학생들과의 관계가 멀어지거나, 피드백을 하다 지쳐서 아예 시작하지 않은 것보다 못한 결과를 낳으면 안 될 것입니다. 이제 그 방법을 좀 더 자세히 살펴보겠습니다.

❶ 피드백의 가장 중요한 목적은 학생이 수행한 과제가 수업의 어떤 영역에 해당하는지, 왜 필요한지를 인식하게 하는 것입니다. 이 과정이 반드시 개별적인 형태일 필요는 없습니다.

대표적인 피드백 방법은 수업 차시가 진행되는 중간중간에 이번 학기 수업이 어떻게 진행될지, 현재 수업은 어디까지 진행됐는지 짚어 주는 것입니다. 수업의 전체적인 흐름을 인식하는 능력(수업에 대한 메타인지)이 학생들마다 차이가 나기 때문입니다.

대부분의 학생은 첫 시간에 설명한 오리엔테이션 내용을 잘 기억하지 못합니다. 특히 온라인 수업과 대면 수업이 주기적으로 반복되는 상황에서는 더욱 그렇습니다. 따라서 온라인 수업과 대면 수업이 어떻게 연결되는지 구체적으로 알려 줘야 합니다. 그러지 않으면 온라인 수업 기간을 '방학'처럼 여기기도 합니다. 퀴즈나 과제 등을 통해 공통적으로 발견되는 오류 등에 대해서도 마찬가지입니다.

개별적인 형태가 아닌 전체적인 형태의 피드백도 좋습니다. 온라인 강의, 강의실 게시판, 문자, 카톡도 가능하고 화상 미팅 형식도 활용할 수 있습니다. 대면 수업에서라면 친구들과 이야기하다 알 수 있는 간단한 내용도 온라인 수업에서는 다양한 방법으로 그리고 주기적으로 안내할 필요가 있습니다.

그러나 이 역시도 반드시 개별적인 형태로 제시할 필요는 없습니다. 단, 대면 수업 때보다는 더 적극적으로 전달해 주어야 합니다. 이렇게 안내하고 전체 피드백을 해 주면 학생들은 '우리 선생

온라인 수업, 교사 실재감이 답이다

님이 수업에 대해 잘 안내를 해 주시는구나. 나도 필요하면 언제든지 물어볼 수 있겠어.'와 같이 느끼게 될 것입니다.

❷ 수업 내용 확인이나 과제 수행에 대해서는 개별 피드백이 필요한 경우도 있습니다. 그리고 이때 놓치지 말아야 할 가장 중요한 요소가 있는데, 그것은 바로 피드백을 통한 관계 형성입니다. 빠른 시간 안에 많은 학생들에게 피드백을 하다 보면 내용에만 집중한 나머지 자칫 학생들이 피드백을 받을 때 어떤 마음 상태인지를 간과할 수 있습니다. 학생들은 피드백을 통해 틀린 점을 제대로 바로잡고 싶은 마음도 있지만, 동시에 선생님의 관심을 확인하고 싶은 마음도 있다는 것을 기억해야 합니다. 피드백이 학생과의 관계를 형성하는 중요한 통로가 될 수 있다는 뜻이지요. 그러므로 초기 단계일수록 이런 특성은 더 많이 나타납니다. 피드백을 통해 '어? 선생님이 나를 알고 있네.' 또

는 '선생님은 내가 제출한 과제를 진짜로 읽으시네.'와 같이 느낄 수 있도록 하는 것이 중요합니다. 내용에 대한 피드백은 잘 이해하지 못할 수 있지만, 적어도 선생님이 자신에게 관심을 두고 있다는 사실은 쉽게 느낄 수 있습니다. 그것은 학생의 수업 집중도 증진과 적극적인 참여로 곧장 연결될 것입니다.

❸ 피드백이 평가와 어떤 관련을 맺는가도 중요합니다. 피드백은 수행 결과를 확인하는 방법이지만, 그것 자체로 끝나기보다 수정·보완할 수 있는 기회가 될 때 더 의미가 큽니다. 학생에게 만회할 수 있는 기회를 주지 않으면 수업 참여나 과제 수행에 대한 동기를 높이지 못할 수 있습니다. 그러니까 학생들에게 중요한 것은 피드백 자체가 아니라, 자신이 무엇을 해야 하는지에 대한 정보를 피드백이 제대로 담고 있는가 하는 것입니다.

온라인 수업, 교사 실재감이 답이다

❹ 선생님이 개별적으로 피드백을 주는 것 이상으로, 학생들이 서로 피드백을 주고받을 수 있게 해 주는 것도 중요합니다. 또래 관계에서 얻는 정보는 선생님이 주는 정보와는 또 다른 배움을 제공하기 때문입니다. 그러나 처음에는 학생들이 서로 피드백을 어떻게 주고받아야 하는지 그 방법부터 연습을 시키는 것이 필요할 수도 있습니다. 온라인 수업이 이어지면서 학생들은 자연스럽게 만들어져야 했을 친밀한 관계가 아직 형성되지 않은 경우도 많고, 어느 정도 친밀해졌더라도 지금 상황에서는 말을 하는 것보다 안하는 것이 더 자연스럽게 느껴질 때가 많기 때문입니다.

코로나 이기는 온싸 수업

교사 실재감?
BEING! 그게 뭐야?

냉수 마시고 정신 차리자!

개학은
했다!
내가 적응하는
문제만 남았어 ㅠ

수업과 성장연구소

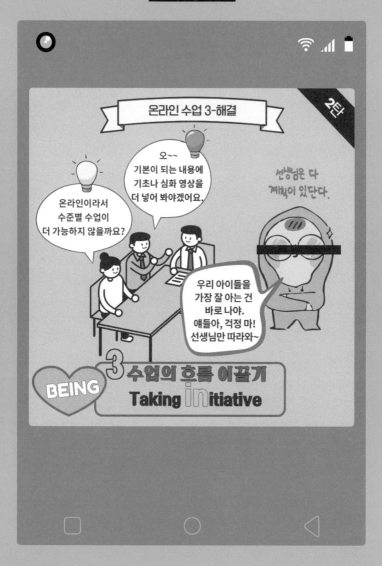

BEING

2탄

수업과성장연구소가 제안하는 교사 실재감을 구현하는 원리

1. 연결되는 관계 만들기 **B**uilding relationship

2. 존재감 나타내기 Showing my **E**xistence

3. 수업의 흐름 이끌기 Taking **IN**itiative

4. 피드백으로 다가가기 **G**iving feedback

이 중에
하나라도 실천하면
good job!

1. 온라인 수업과 대면 수업을 병행하면서, 선생님이 가장 관심이 가는 학생의 모습은 어떤 모습인가요? (BEING의 구현 원리를 제시하는 표의 첫째 칸에 나타난 네 가지 형태 중 선택하여 구체적으로 이야기해 보는 방식도 좋습니다.)

2. BEING의 네 가지 원리 중 선생님의 수업에서 가장 잘 구현되고 있다고 느끼는 것은 무엇인지, 그것을 위해 선생님이 사용하는 수업 전략은 무엇인지 같이 이야기해 봅시다.

3. BEING의 네 가지 원리 중 선생님의 수업에서 구현하기가 가장 어렵게 느껴지는 것은 무엇인지 이야기해 보고, 우리 학교에 가장 적합한 전략을 같이 찾아봅시다.

2부

교사 실재감 실천 사례와
공감 코칭

1

제1원리
연결되는 관계 만들기

: 안휘준(거창 샛별초등학교 교사)

안휘준 선생님은 교사 실재감을 확보하기 위한 전략으로 제1원리인 '연결되는 관계 만들기'를 선택했습니다. 안 선생님이 '관계 만들기'를 위해 사용하신 방법들을 보면, 학생들과 관련된 평범한 일상의 정보가 온라인 수업 공간에서 폭발적인 강의력 이상의 힘을 발휘하는 것을 아시게 될 것입니다. '관계 만들기'와 관련해, 크고 작은 힌트를 찾아보시기 바랍니다.

"영상 속에서 이름을 불러 주었더니…"

저는 초등학교 4학년 담임입니다. 옆 반 선생님과 함께 '위두랑'에서 동영상을 제작해 올리고 있지요. 퀄리티가 만족스럽지는 않지만 '교사 실재감'이라는 말에 공감해 한번 시도해 보았습니다.

3월 첫째 주 개학 연기 때부터 2주간 '좋은교사운동'에서 추진한 온라인 가정 방문까지는 못했지만 학부모님과 인사는 나누고 싶었습니다. 사실 첫 인사만 하고 전화를 끊으려고 했는데, 하다 보니 그러지 못했습니다. 부모님 입장에서 말씀해 주시는 아이들 이야기를 흘려들을 수가 없었어요. 그러다 보니 뜻밖의 상담이 되었습니다. 아이들과도 첫인사를 나눴는데 아이들은 통화할 때 늘 네네, 하고 끊습니다. 그게 싫어서 몇 가지 질문을 정해 대화를 나눴습니다. 한 학생마다 30~40분은 통화한 것 같습니다. 단순한 근황, 좋아하는 것, 싫어하는 것, 하고 싶은 말, 이 네 가지만 물어도 시간이 꽤 흘러가곤 했습니다. 그런데 통화를 하다 보면 아이들이 조금씩 보입니다. 아이들

온라인 수업, 교사 실재감이 답이다

에 관해 궁금한 점을 부모님께 여쭤볼 수 있으니 아이들을 이해하는 상담이 됩니다. 전화 상담을 할 때는 사진 명렬표를 확인하면서 잘 듣고, 기록하고, 기억하려고 노력했습니다.

온라인 수업이 시작된 후에 저는 유튜브를 사용했습니다. 아동용으로 링크 받은 사람만 열람이 가능한 일부 공개 방식을 활용해 수업 영상을 올렸습니다. 첫 동영상을 촬영할 때는 동영상 프로그램 '프리미어'의 화려한 기술을 이용해 배경음도 넣고 제 얼굴은 아바타로 대신했습니다.

그런데 제 능력 이상으로 무리해서인지 이틀이 지나니까 지치고 말았습니다. 하루에 6~7분짜리 영상 2~3편을 제작하고, 편집하고, 과제를 만들고, 피드백을 해야 했으니까요. '이래서는 안 되겠다. 오래 버텨야겠다.'는 생각이 들어서 지금은 최대한 힘을 빼고 가볍게 만드는 중입니다. 온라인 수업 4교시 중 2교시만 제가 만든 영상을 올리고 나머지 2교시는 e학습터 영상을 올렸습니다. 하루에 세 편까지 만들어 봤는데 조금 지치더라고요.

이런 과정을 거쳐 교사가 직접 수업하는 동영상을 찍고

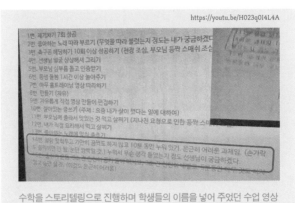

수학을 스토리텔링으로 진행하며 학생들의 이름을 넣어 주었던 수업 영상

유튜브에 올렸습니다. 그렇지만 유튜브를 잘 찍는 것이 본질은 아니었습니다. 전화 상담, 아이들과 긴 호흡의 대화, 위두랑 과제에 대한 칭찬과 격려의 피드백, 과제 출석에 쌓여 가는 성취감 등이 더 중요하다고 생각합니다.

한 주 동안 옆 반 선생님과 함께 수업 영상을 직접 찍었는데, 저는 12편 정도 찍었습니다. 하루 2~3편씩 만들었습니다. 세 번은 국어·수학·사회·과학 영상이며 한 번은 아이들과의 관계와 만남에 중점을 둔 '첫 만남 활동' 영상입니다. 교과 영상이나 첫 만남 활동, 창의적 재량 활동 등

온라인 수업, 교사 실재감이 답이다

에 필요한 영상을 찍을 때 관계와 만남이라는 원칙을 지키려고 했습니다. 가장 중점을 둔 것은 '영상 속에서 우리 반 아이들 이름 모두 불러 주기'였습니다. 온라인 수업 영상을 통해 아이들 한 명 한 명의 이름을 다 불러 주었지요. 이름을 부르지 않은 친구가 없도록 꼼꼼히 확인하며 불렀습니다.

수업 중 스토리텔링의 주인공 이름을 아이들의 이름으로 대신하기도 하고, 아이들과 대화하며 메모한 내용을 기억해서 "00이가 그림 그리는 걸 좋아한다고 했는데…" 이렇게 말하며 자연스럽게 아이들과의 연결을 시도했습니다. 그동안 전화 통화를 하며 재밌었던 에피소드, 위두랑 과제 제출-피드백 과정의 소소한 이야기를 꺼내고 아이들의 이름을 부르기도 했습니다.

제가 온라인 수업을 하면서 가장 중요하게 생각한 점은 아이들의 존재를 알아주는 것, 제가 담임 선생님이라는 존재감을 드러내면서 아이들과 관계를 맺어 가는 것이었습니다.

학습 진도에 쫓기기 싫어 수학 오류 지도 영상도 열심

히 만들었지만 저에게는 만남이 제일 중요했습니다. 그래서 이런 제 마음을 아이들에게 전하는 영상을 올리기도 했습니다. 아이들의 반응은 좋았습니다.

"얼굴을 왜 안 밝히시나요?"
→ 나는 영상에서 아바타로 신비주의 전략을 쓰고 있다. 앞으로의 일이 흥미진진하다.

"선생님, 정말 재밌어요. 매일 영상 올려 주셔서 감사합니다."
→ 이런 반응에 나의 존재감도 재확인되니 힘이 난다.

"선생님, 얼른 보고 싶어요."
→ 이 말이 나를 가장 울컥하게 한다. 나도 하루빨리 아이들을 보고 싶다.

결국 교육은 만남입니다. 온라인 개학이라는 사상 초유의 사태를 맞았지만 결국엔 사람과 사람이 만나는 일이 교육이라고 생각합니다.

요즘 20대 청년이나 잘나가는 유튜버, 온라인 강사와

온라인 수업, 교사 실재감이 답이다

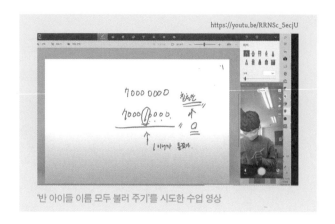

'반 아이들 이름 모두 불러 주기'를 시도한 수업 영상

비교하면 저는 영상 조작도 어설프고 기술력도 떨어지고 말재주도 부족합니다. 그래도 영상을 만들면서 힘이 나는 이유는 '이 아이들에게 내가 필요한 존재로 살 수 있구나.' 하는 교사 실재감을 스스로 느낄 수 있기 때문입니다.

영상을 만들고, 온라인 학습의 플랫폼을 정하고, 과제를 만드는 모든 일의 중심에 아이들과의 만남과 관계 맺기가 있습니다. 그렇다고 제가 지금 잘하고 있다는 뜻은 아닙니다. 다만 조금 기분 좋게 시작했을 뿐입니다. 사람의 관계와 만남이 어떻게 흘러갈지 모르니 끝까지 긴장을

늦출 수 없습니다.

'교육은 관계와 만남이다.'는 말은 저에게도 매우 도전이 됩니다. 여전히 교육은 어렵고 만남은 두렵고 관계 맺기는 쉽지 않습니다. 앞서간다는 말도, 뒤따라간다는 말도, 우월이나 열등이나 다 부질없게 들립니다. 어쩌면 우리 모두는 사람이 사람을 가르치는 일에 성공적인 척하지만 여전히 실패하고 있는지 모릅니다. 저는 그저 앞으로 한 걸음 내딛을 뿐입니다. 그뿐입니다. 그것이 제가 실천할 수 있는 교사 실재감이고, 또 교사로서의 사명입니다.

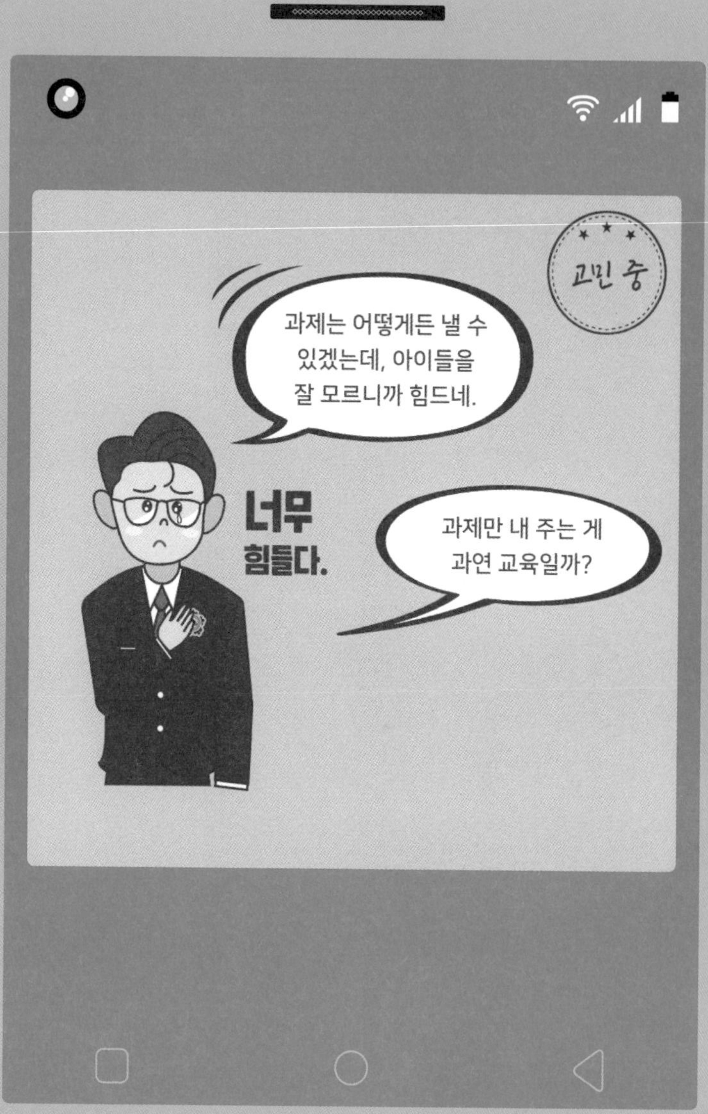
고민 중
과제는 어떻게든 낼 수 있겠는데, 아이들을 잘 모르니까 힘드네.
너무 힘들다.
과제만 내 주는 게 과연 교육일까?

공감 코칭

∙∙∙∙∙∙∙∙∙∙∙∙∙∙∙∙∙∙∙∙∙∙∙∙∙∙∙∙∙∙∙∙∙∙∙∙∙∙∙

거창 샛별초 안휘준 선생님은 평소 학생들과의 관계를 중요하게 생각했습니다. 그런데 온라인 개학 상황에서는 학생들과의 관계를 어떻게 맺어야 할지 고민이 됐습니다. 아이들 얼굴도 모르는 상태에서 누구를 대상으로 수업을 하는 것인지 막연했고, 영상을 만들고 과제만 내는 것이 과연 교육적인지 고민이 많았습니다.

그래서 수업 영상 안에서도 학생들에게 함께 있다는 느낌을 주고 연결되는 관계 만들기를 위해서 학생들 이름을 부르며 수업을 했습니다. 학생들은 선생님이 자신에게 관심이 많다는 것을 느꼈을 테고, 자신의 이름이 불릴 때마다 반갑고 기뻤을 것입니다. 또한 학생들이 쓴 답을 인용해 주면서 이런 부분은 참 잘했다는 칭찬과 격려도 아끼지 않았습니다. 안휘준 선생님은 온라인 수업으로도 학생들과 관계 만들기가 얼마든지 가능하다는 것을 보여주셨습니다.

수업 콘텐츠 안에서만 이런 노력을 한 것이 아닙니

다. 학생들과 연결되는 관계를 만들기 위해 수업 밖에서도 전화, SNS 등으로 연락하고 그때마다 느껴지는 아이들의 특성을 기록하면서 학생들을 알아 가려고 많은 노력을 기울였습니다.

안휘준 선생님은 온라인 수업에서 교사 실재감의 핵심인 '연결되는 관계 만들기'의 정석을 보여주었습니다. 온라인 일타 강사나 최신 기술을 동원한 그 어떤 화려한 온라인 강의에서도 느낄 수 없었던 매력이 선생님의 온라인 강의 속에 담겨 있습니다. 그 매력은 바로 '연결되는 관계 만들기'입니다. 관계가 만들어져야 아이들과 의미 있는 대화가 가능하며, 지식이 다른 곳으로 사라지지 않고 마음속에 남을 수 있습니다. 또한 관계가 만들어져야 교사가 아이들 속에서 실재감을 경험하는 것이지요.

안휘준 선생님의 강의를 자세히 살펴보면 관계 만들기의 여러 시도가 수업 속에 적절하게 담겨 있습니다. 먼저 '수업시간에 아이들의 이름을 불러 주는 일'을 중시했습니다. 이름을 불러 주는 순간, 그 온라인 수업은 학생들에게 의미 있는 공간으로 전환되며 따라서 그 수업에서 제시되는 지식 또한 학생들에게 의미 있는 것이 됩니다. '수업 내내 스토리텔링 주인공의 이름으로 아이들을 불러 주는 것'도 적절한 시도였습니다.

그러나 선생님이 수업 시간에 관계 맺기를 위해 시도한 여러 활동을 보면, 그것이 수업 시간에만 한정된 활동이 아니었음을 알 수 있습니다. 수업 이전과 이후에도 다양한 활동을 하며 거기에서 얻은 개별 학생들의 상황을 기억하고 적어 두었다가 온라인 수업 때 활용했습니다. 예를 들어 부모님과 전화 통화나 온라인 가정 방문으로 알게 된 아이들의 신상과 특징을 기억해, 교사가 먼저 아이들을 의미 있는 존재로 마음속에 각인하는 과정이 있었습니다. 그 정보를 꼭 수업 시간에 활용하라는 것은 아닙니다. 활용하지 않더라도 교사가 아이들을 의미 있는 존재로 바라보면 그 시선이 아이들을 의미 있는 존재로 포착해 내고, 수업 시간에 자연스럽게 말을 걸고 따뜻한 격려를 보낼 수 있습니다.

학부모와의 전화 통화만이 아닙니다. 학생과 전화로

통화하면서 경험한 크고 작은 에피소드, 위두랑 과제 제출과 피드백 과정에서 나온 소소한 이야기들을 선생님은 무심히 흘려버리지 않고 기록하고 정리했습니다. 그리고 온라인 수업 때 만남과 관계 맺기의 재료로 활용했습니다. 그게 핵심입니다.

여기서 중요한 것은 교사 스스로의 드러냄입니다. 아이들을 알기 위해 부모나 학생이 말해 주는 정보를 기록하고 활용하는 것만으로는 관계 맺기가 충분하지 않습니다. 교사 스스로가 자신을 공개하는 일이 병행되어야 합니다. 자기를 드러내지 않고 아이와 교사가 의미 있는 관계로 엮이지 않으면 학생들에게 교사는 불안한 존재입니다. 학생은 선생님을 알 수 없고 선생님은 학생의 정보를 다 가지고 있으니 경계심을 품게 됩니다. 그러면 온라인 수업이 약간 경직될 수도 있습니다. 나아가 내 앞에 있는 교사가 그저 지식을 전달해 주는 강사에 불과하다고 느끼는 순간, 학생들은 그 교사를 일타 강사와 비교할 대상으로 낮추어 보며 결국 보잘 것 없는 존재로 인식하기 쉽습니다. 교사를 낮추어 보지 않고 귀한 존재로 인식하게 하는 것은 교사 스스로를 드러냄입니다.

그런 면에서 안 선생님은 매우 의미 있는 시도를 했습니다. 바로 자신의 마음을 아이들에게 전하는 영상을 매일 올린 것입니다. 이 영상의 분량과 내용이 드러나지는 않았지만, 아이들의 반응을 보면 매우 호소력 있게 전달됐다고 짐작할 수 있습니다. "선생님, 정말 재미있어요. 매일 영상 올려 주셔서 감사합니다." "선생님, 얼른 보고 싶어요." 이런 반응은 온라인 수업에서 쉽게 나오지 않습니다. 어쩌면 모든 교사들이 온라인 수업 공간에서 꿈꾸던 바일 것입니다.

그런데 아이들의 이런 반응은 선생님의 폭발적 강의력에서 비롯되는 것이 아닙니다. 그보다는 아이들에게 의미 있는 존재로 다가가려는 선생님의 소박한 노력, 그러니까 '내가 너희를 알고 너희가 나를 알게 됐으니 이 공간이 소중하지 않은가.'라는 선생님의 마음이 아이들에게 오롯이 전달된 결과입니다. 아바타로 얼굴을 가린 것이 아이들의 호기심을 자극해 대면 수업에 대한 관심으로 연결되기도 했습니다.

　이런 관계가 맺어지고 온라인 수업 공간을 서로 의미 있는 곳으로 여기는 순간, 수업은 탄력을 받습니다. 벌써 의미 있는 관계로 연결되어 있으니, 서로에게 최선을 다함으로써 신뢰를 유지하려는 마음은 아주 자연스러운 감정일 테니까요. 수업 따로, 관계 맺기 따로가 아니라 관계 맺기가 의미 있는 수업을 이끄는 힘이 되는 셈입니다.

1. 안휘준 선생님이 교사 실재감을 확보하려는 전략으로서 '연결되는 관계 만들기'를 위해 시도한 여러 방법 중 선생님 개인에게 인상적인 점은 무엇입니까?

2. 최근 학교에서 학생들과의 수업에 토대가 되는 친밀한 관계 형성과 관련하여 어렵게 느껴지는 상황이 있었나요? 구체적으로 어떤 상황이었는지 같이 나누어 봅시다.

3. 앞의 실천 사례에서 나온 여러 방법 중 수업에서 친밀한 관계를 맺는 것과 관련하여 내 수업에 적용하거나 응용하고 싶은 것은 무엇입니까? 사례에서 나오지 않은 새로운 아이디어도 같이 나누어 봅시다.

4. 온라인 수업과 대면 수업에서 학생들과의 관계 만들기를 위한 방법은 어떤 공통점과 차이점이 있는지 나누어 봅시다.

전진우 선생님은 교사 실재감의 제2원리인 '교사 존재감 나타내기'에 초점을 맞추어 온라인 수업을 진행했습니다. 존재감을 나타내기 위해 선생님이 선택하신 방법은 아주 통찰력이 있습니다. 즉, 자기 수업의 강점을 갖고 존재감을 드러내는 것이지요. 그로 인해 오히려 선생님은 대면 수업에서 미처 경험하지 못했던 놀라운 수업 효과를 드러냈습니다. 한번 선생님의 수업을 경험해 보시지요.

"제 수업의 강점을 온라인 수업에서 재현했죠."

저는 평소 학생들의 흥미 유발을 매우 중요하게 생각했습니다. 남학생들은 대개 음악 수업에 그리 큰 흥미를 보이지 않기 때문입니다. 그래서 목소리에 강약 두기, 억양, 표정, 몸짓 등을 사용해 조금 독특한 존재감을 어필하여 수업을 역동적으로 진행함으로써 학생들이 수업에 집중하게 만들곤 했습니다.

그런데 온라인 수업에서는 이런 방식이 불가능하다고 생각하여 PPT에 목소리를 녹음해서 동영상으로 만든 다음 학생들이 시청하게 했습니다. 그러나 수업 후 학생들의 과제를 검토해 보니 정말 쉬운 과제인데도 많은 학생들이 오답을 제출했습니다. 그래서 학생들이 온라인 강의에 집중하지 못한다는 것을 느꼈지만, 코로나19 사태가 곧 진정되겠지 하는 안이한 생각과 귀찮음 등으로 크게 개의치 않았습니다.

그러나 코로나19 사태가 장기화하면서 위기의식이 생겼습니다. 대부분의 음악 온라인 수업이 음악 이론과 감상 위주였는데, 이대로 간다면 음악 수업의 네 영역인 가창·기악·감상·창작 중 감상 영역만으로 모든 수행 평가를 해야 할 상황이었습니다.

3학년 학생들은 음악 수업 시수가 적어서 수행 평가를 위한 수업을 하면 한 학기가 끝나기 때문에 매 수업 시간이 저에게는 몹시 소중했습니다. 그래서 어렵더라도 가창 수업을 하기로 마음먹었습니다. 그러나 막상 가창 수업을 하려니 온라인에서 어떻게 진행해야 할지 몰라 하릴없이 수업 자료만 들여다보며 고민했습니다.

그때 '교사 실재감'을 알게 됐고, 교사 실재감의 네 가지 원리 중 '연결되는 관계 만들기'와 '존재감 나타내기'를 적용할 수 있겠다는 생각이 들었습니다. 학생들과 대면 수업을 할 때의 제 모습을 곰곰이 되돌아본 끝에, 십대 문화에 대한 이해를 바탕으로 흥미를 유발하며 역동적인 존재감으로 수업을 이끄는 것이 제 수업의 강점이라는 것을 깨달았습니다. 그래서 대면 수업 때의 활기차고 유쾌하며 역동적인 존재감을 온라인상에서 재현하는 방법으로 학생들에게 음악실과 '연결'되어 있는 느낌을 전해 줘야겠다고 계획했습니다.

마침 학교에 전년도 밴드부 공연 의상으로 구매한 두루마기와 갓이 있었습니다. 저는 판소리 분위기를 살리면서 학생들도 재미를 느끼게 할 수 있겠다는 생각이 들어 직접 입고 노래를 지도하는 영상을 촬영했습니다. 또한 평소 학생들이 노래방에 즐겨 가는 것을 고려하여 노래방 영상 콘셉트로 편집해야겠다는 아이디어를 떠올렸습니다. 그런데 편집한 영상을 마지막으로 확인하고 나서 더 큰 욕심이 생겼습니다. 이왕 노래방 콘셉트로 정했으니 영상의 배경까지 노래방처럼 만들어서 학생들의 시선을 잡아 두고 싶었습니다. 인터넷을 통해 영상 편집 방법을 공부하고 '크로마키' 기법을 적용한 결과 실제 노래방 영상처럼 제작할 수 있었습니다.

그 후에는 어떻게 하면 이 영상을 시청하게 할 수 있을지를 고민했습니다. 지난번 강의는 '위두랑'에 업로드하여 시청을 유도했는데, 당시 위두랑의 서버가 불안정해서 많은 학생들이 시청에 어려움을 겪었습니다. 동영상 강의를 시청하는 데 가장 안정적이고 학생들에게 친숙한 플랫

https://youtu.be/Hp5tQgrl1SU

사랑 사랑 사랑 내 사랑이야

갓과 두루마기로 학생들의 관심을 사로잡았던 수업 영상

폼인 '유튜브'를 활용하는 방법이 최선이라는 것은 알았지만, 전 세계에 영상이 공개된다는 점이 큰 부담이었습니다. 저는 판소리를 전공한 사람이 아니어서, 혹시라도 제 지식이 잘못된 것이라면 제 무능함이 온 세상에 공개되는 것이니까요. 고민을 거듭하던 중 결국 수업을 해야 하는 날이 되어 '에라, 모르겠다. 이번 수업만 끝나면 바로 지우자.'라는 마음으로 유튜브에 업로드했습니다.

학생들의 반응은 폭발적이었습니다. 학생들은 친숙한 선생님이, 친숙한 플랫폼에서, 친숙한 흥미 요소를 활용

온라인 수업, 교사 실재감이 답이다

한 것에 선생님과의 '연결'을 느낀 것 같았습니다. 저 또한 학생들의 댓글을 보며 학생들과 '연결'되어 있음을 느낄 수 있었습니다.

이에 용기를 얻어 제 얼굴을 공개한 수업 영상을 제작하여 유튜브에 업로드했습니다. 어느덧 학생들은 제 수업 영상이 업로드되기를 기다리기도 했습니다. 학생들의 기대에 부응하기 위해 저는 새 영상을 제작할 때마다 새로운 기법을 사용해서 편집하고 다른 음악 수업에서는 배울 수 없는 다양한 내용을 담기 위해 노력했습니다. 그 결과 다른 온라인 음악 수업과는 차별되는 저만의 온라인 음악 수업을 만들 수 있었습니다. 그리고 이를 통해 교사 실재감의 두 번째 원리인 '존재감 나타내기'를 더욱 강하게 구현할 수 있었습니다.

이렇게 교사 실재감의 원리를 이용해 온라인 수업을 지속해 나가자 수업과 관련된 다양한 아이디어가 봇물 터지듯 떠올랐고, 제 수업의 궁극적인 목표인 '음악을 통해 세상을 바라보는 시야를 확장할 수 있는 수업'이 온라인 수업으로도 가능해졌습니다. 초반에는 약간 우스꽝스러운

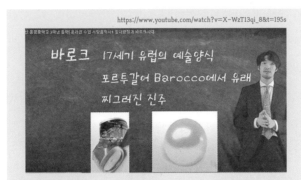

재미로만 끝나지 않고 선생님이 꼭 전해 주고 싶은 메시지를 담아 이야기하는 수업 영상

영상에만 호응하던 학생들도 차츰 수업 내용에 집중하며 음악을 통해 사고를 확장해 나갔습니다. 더불어 온라인 수업을 준비하는 선생님들의 노고를 인정하며 조금이나마 애교심이 생긴 듯한 말을 하는 등, 학교에 대한 자부심이 부쩍 늘어난 모습을 보였습니다.

　교사 실재감을 알게 된 후로 마치 나비 효과와 같은 일이 계속 생겼습니다. 교사 실재감을 온라인 수업에서 구현하기 위해 제 수업을 되돌아볼 수 있었고, 그럼으로써 강점을 발견할 수 있었고, 이를 온라인 수업에서 재현하

온라인 수업, 교사 실재감이 답이다

기 위해 학생들의 특성을 더 깊이 생각할 수 있었으며, 학생들의 특성을 고려한 강의를 만들기 위해 '최선을 다했다.'는 말이 부끄럽지 않은 노력을 기울일 수 있었습니다. 그리고 이러한 수업을 통해 학생들의 애교심과 자존감 또한 조금이나마 높아졌습니다.

선생님의 온라인 수업 전략

⭐ 세계 민요를 배우는 시간에 학생들이 다양한 문화를 경험할 수 있도록 실제로 전통 의상을 입고 보여 주기

그 장소에 가 있는 것처럼 느낄 수 있는 풍경을 수업 배경으로 넣기

빠른 장면 전환으로 학생들이 지루할 틈이 없게 하기

시범을 보이고 따라 해 볼 수 있는 시간을 주고, 과제를 참여형으로 제시하기

야호!!!

음악 시간이 기다려져요.

교사 실재감
존재감 나타내기
B ING

들썩   들썩

온종일 컴퓨터 앞에 앉아 있는
우리 아이들을 위해 애쓰시는
전국의 모든 선생님들을 응원합니다.

좀 부끄러워도
우리 아이들을
위해서라면 ^^

라잇 나우!

공감 코칭

∙∙∙∙∙∙∙∙∙∙∙∙∙∙∙∙∙∙∙∙∙∙∙∙∙∙∙∙∙∙∙∙∙∙∙∙∙

전진우 선생님은 부산의 중학교에서 음악을 가르치고 있습니다. 표현을 잘 하지 않는 남학생들과 음악 수업을 어떻게 하면 좋을지 평소에도 고민이 많았는데, 코로나19 때문에 온라인 수업 상황이 되자 선생님은 고민이 더 많아졌습니다. 학생들이 온라인에서는 더 소극적이고 자기표현을 하지 않을 것이라 생각했기 때문입니다.

그러다가 카드뉴스를 통해 교사 실재감을 알게 된 뒤 더 적극적으로 수업을 준비했습니다. 학생들이 수업에서 선생님과 연결되어 있음을 알게 하고 수업에 집중할 수 있도록 수업 콘텐츠에 재미 요소를 넣는 등, 선생님의 수업 의도를 잘 살려서 영상을 만들었습니다. 이 영상은 여기저기 소문이 나기 시작했고, EBS의 〈미래교육 플러스〉에서도 연락이 와서 선생님이 직접 교사 실재감을 소개하기도 했습니다. 음악을 통해 학생들에게 세상을 보는 눈, 관점을 지니게 하고 싶은 선

온라인 수업, 교사 실재감이 답이다

생님의 도전은 온라인 수업이라는 어려운 상황에서도 꾸준히 이어지고, 오히려 더 잘 발휘되고 있습니다.

전진우 선생님의 온라인 음악 수업 사례를 읽고 표현하기 힘든 감동과 전율을 느낍니다. 그런 수업을 경험한다는 것은 흔치 않은 일입니다. 선생님에게는 온라인 수업이 대면 수업보다 더욱 역동적이고 효과적인 수업 공간이 되었다는 느낌입니다. 그래서 수업이 대면 수업으로 전환되면 온라인 수업의 짜릿한 기쁨을 과연 어떻게 이어 갈지 고민스러울 정도입니다.

이런 변화의 경험은 선생님의 개인기 때문만은 아닙니다. 선생님의 수업에는 나름의 체계와 원리, 전략이 담겨 있습니다. 온라인 수업 상황을 맞이해서 선생님은 중학교 남학생들이 음악 시간에 보이는 일반적인 태도를 떠올리며 아주 인상적인 판단과 결정을 내렸습니다. 먼저, 정확한 현실 인식입니다. 즉 지금 온라인 수업은 음악 수업의 네 영역인 가창·기악·감상·창작 중 감상 영역으로만 진행해야 할 공간적 한계가 있다는 판단이 있었습니다. 그러나 선생님은 이 한계와 고정 관념에 갇히지 않았습니다. 감상이라는 다소 정적인 활동 대신에 '가창 수업'을 온라인으로 진행하기로 한 것입니다. 온라인 수업에서 가창 수업이라니! 참으로 놀랍지 않습니까?

그러나 고민도 깊었습니다. 가능하지 않은 공간에서 시도를 해야 했으니까요. 이때 선생님에게 힌트를 준 것이 바로 교사 실재감의 '연결되는 관계 만들기'와 '존재감 나타내기'였습니다. 헤쳐 나가야 할 방향을 확인한 것이지요. 그리고 연결되는 관계를 만들기 위해 선생님은 존재감 나타내기라는 전략을 선택했으며, 존재감을 나타내기 위해 자기 수업의 장점을 극대화하기로 했습니다. 앞서 소개한 안휘준 선생님이 연결되는 관계 만들기를 통해서 교사의 존재감을 나타냈다면, 전진우 선생님은 먼저 존재감을 나타내고 그것을 통해 연결되는 관계 만들기를 시도했다는 차이가 있습니다. 그렇게 해도 수업 효과가 나타났습니다. 그러니까 연결되는 관계 만들기와 교사의 존재감 나타내기는 선후 관계가 아니라 각각 독립적인 요소이면서 서로 영향을 주는 관계라고 보는 것이 옳을 것입니다.

선생님이 자신의 존재감을 나타내기 위해 선택한 방법은 자기 수업의 강점을 드러내는 것이었습니다. 선생님 수업의 강점은 십대 문화에 대한 이해와 그에 기초한 흥미 유발 그리고 역동적 존재감이었습니다. 이 점이 매우 중요한데, 자신의 존재감을 드러낸다는 것은 단순히 존재를 강조하는 것이 아니라 자기 존재의 특징을 발견하고 그 특징을 극대화하는 것이라는 점입니다.

이것은 자기 이해이자 자기 알아차림의 문제입니다. 이렇게 수업에서 가장 자신 있는 것을 드러내는 순간, 교사와 수업은 유리되지 않고 통합됩니다. 수업을 위해 자신을 소진하는 것이 아니라 수업을 통해 나를 드러내고 표현하는 것입니다. 그렇게 표현된 나에게 아이들이 환호하면 수업뿐 아니라 내가 격려 받으며, 그럼으로써 수업과 교사가 통합됩니다. 이렇듯 교사의 존재감 나타내기에서 가장 중요한 출발은 교사의 자기 이해라 하겠습니다.

자신을 드러내는 것뿐만 아니라 아이들을 이해하는 과정도 선생님 수업에서 큰 몫을 했습니다. 아이들의 흥미를 끌기 위해 다양한 소품을 사용했습니다. 아이들에게 익숙한 노래방 환경을 떠올리면서 영상을 노래방과 비슷하게 편집했습니다. 이것은 자신이 가르치는 학생들에 대한 이해 없이는 불가능한 시도입니다. 내가 좋아하는 방식을 넘어서 아이들이 받아들일 수 있는 요소로 수업을 구성하는 방식은 선생님이 학생들에게 관심이 많다는 것을 드러내는 매력적인 메시지였습니다. 이렇게 자신을 드러내고 학생들을 이해하는 자세로 교사의 존재감을 나타냈으니 학생들의 반응이 폭발적인 것은 어쩌면 자연스러운 결과입니다. 전진우 선생님처럼 극적인 효과는 아닐지라도 우리 모두 그런 경험의 세계에 도달할 수 있습니다.

그렇게 자기 존재감을 드러냄으로써 학생들의 반응이 댓글로 연결되고, 그 댓글에 다시 선생님이 반응함으로써 교사와 학생이 자연스럽게 서로 연결되는 관계를 만들었습니다. 그러므로 우리는 수업을 할 때, 단지

온라인 수업, 교사 실재감이 답이다

가르칠 지식뿐만 아니라 학생들과 나 자신을 깊이 이해해야 합니다. 지식은 가공하고 전달하는 과정을 거치기 마련인데, 이때 자신과 학생에 대한 이해를 거친 지식은 관계와 무관하게 둥둥 떠다니는 지식과 달리 서로를 엮어 주고 서로의 삶을 풍요롭게 해 줄 것입니다.

역설적이게도 선생님에게는 새로운 과제가 생겼습니다. 온라인 수업 자체보다 온라인 수업에서 배운 내용과 그 역동적인 효과를 대면 수업으로 어떻게 연결할 것이며 그 깊이를 어떻게 더할 것인가 하는 고민입니다. 사실 온라인 수업의 빠른 영상 전환과 신나는 흐름에 견주면 대면 수업에는 학생들의 생각을 끌어내고 학생들을 고민하게 하고 또 도전하게 해야 하는 지난한 과정이 있습니다. 따라서 온라인 수업과는 다른 접근이 필요합니다. 이전의 대면 수업에 익숙해서 별 어려움이 없을 것도 같지만, 이미 온라인 수업에서 이전에 경험하지 못했던 놀라운 효과를 보았기 때문에, 다시 돌아갈 대면 수업은 이전과 같다고 할 수 없을 것입니다.

그러나 한 가지 분명한 사실은, 이제 선생님은 음악 수업을 통해 학생들을 만날 때 아주 중요한 새로운 자산을 얻었다는 점입니다.

1. 전진우 선생님의 온라인 수업 사례는 매우 역동적이며 영화 같은 반전과 전율을 줍니다. 사람들은 이 사례를 보면서 "저 선생님은 워낙 개인기가 뛰어나고 끼가 넘쳐서 그런 거야." 이렇게 치부하면서 자신의 수업에 적용하기를 주저할 수 있습니다. 그러나 전진우 선생님은 개인 역량이 탁월하기도 하지만, 온라인 수업의 교사 실재감 일반 원칙을 잘 따르신 측면이 있습니다. 그 두 가지가 어떻게 통합됐는지 살펴보고 내 상황에 어떻게 적용할 수 있을지 토론해 봅시다.

2. 앞서 소개한 사례에서 안휘준 선생님은 교사 실재감을 경험하기 위해 먼저 '연결되는 관계 맺기'를 시도하고 그것을 통해서 '교사의 존재감 나타내기'로 전환했습니다. 이에 반해 전진우 선생님은 교사의 존재감을 나타냄으로써 학생들과 연결되는 관계 맺기로 넘어갔습니다. 이 둘의 관계를 생각해 봅시다. 선생님에게는 어떤 방식이 더 적합합니까? 또한 존재감에서 관계 맺기로 가는 길과 관계 맺기에서 존재감으로 가는 길 각각에 어울리는 실천적 시도에는 어떤 것이 있을까요?

3. 교사의 존재감 나타내기에서 가장 중요한 것은 교사가 자기 수업의 강점을 알고 그 효과를 극대화하는 것입니다. 이것은 단지 자기 수업의 장점을 수업의 자원으로 동원한다는 것을 뜻하지는 않습니다. 그래야 수업이 학생을 위한 도구로만 머물지 않고 교사 자신을 알아 가는 과정이 될 수 있습니다. 그런 의미에서 선생님 각자의 수업에서의 강점과, 나아가 수업에 가장 자신 있게 활용할 수 있는 내면의 자연스러운 특징이나 힘이 무엇인지 이야기 나누어 봅시다.

3 제3원리
수업의 흐름 이끌기
: 조은주(안양 부흥중학교 과학교사)

조은주 선생님은 교사 실재감의 제3원리인 '수업의 흐름 이끌기'에 집중하였습니다. 물론 제4원리인 '피드백으로 다가가기'도 비중 있게 활용했습니다. 온라인 수업이라고 해서 과거 지식과 정보를 주입하는 수업으로 돌아가는 것이 아니라 질문하고 답하면서 과학의 개념을 이해하는 토론 수업의 철학을 지키면서도 온라인 도구들을 적절하게 활용해 수업의 흐름을 이끌었습니다. 온라인 토론 수업의 가능성을 확인한 소중한 수업이기도 합니다. 선생님의 과학 수업으로 들어가 봅시다.

"탐구식 과학 수업을 온라인으로 한다고?"

처음 온라인 개학을 했을 때의 막막함에 비하면 지금은 현실에 적응하며 어떻게든 해 나가고 있습니다.

저는 온라인 개학이 본격화하기 전까지는 수업과 제 존재 사이에서 자신감도 잃고 수업 설계 생각도 많이 없었습니다. 내용이 명확하게 정리되어 있고 영상의 질이 깔끔한 EBS를 놔두고 저만의 수업을 만든다는 것은 전혀 그럴 필요가 없는, 어느 누구도 원하지 않는 일처럼 느껴졌어요.

그렇게 자신감을 잃고 고민하던 중 교사 실재감을 소개하는 카드뉴스를 접했습니다. 온라인이지만 학생들에게는 선생님과 함께 수업을 하고 있다는 느낌이 중요하다는 내용으로 이해했습니다. 그렇다면 더 이상 EBS에 얽매이지 않아도 되겠고, 영상의 질을 떠나서 제가 하고 싶은 수업을 만들어 보고 싶다는 생각이 들었습니다.

평소 제가 하고 싶은 과학 수업은 학생들이 과학적 사실을 달달 외우고 당연하게 받아들이는 수업이 아니라 왜 그런지 이유를 친구들끼리 얘기해 보고, 이전에 학생들 생각은 어떠했는지 들어 보고, 개념을 조금씩 수정하고 다듬어 나가는 수업이었습니다. 그런데 온라인에서 과연 이런 수업이 가능할까?

학생들이 영상을 통해 이론을 공부하고 난 후 제가 중요하다고 생각하는 지점에서 조금 머무르게 하고 싶었습니다. 첫 수업은 지구계를 공부하는 시간이었습니다. 학생들이 지구계의 종류에는 기권, 생물권, 지권, 외권, 수권

수업에서 중요하게 생각하는 부분을 강조하기 위해 관련 영상을 사용한 모습

이 있다는 사실을 외우는 데에 그치지 않고 어떤 방향으로 더 나아가야 할까? 지구계는 서로 영향을 주고받으면서 존재하기 때문에 우리가 더 잘 살아가기 위해서 환경을 보존해야 한다는 것도 설명이 가능하고, 지구에서 다양한 현상이 일어나는 이유도 설명이 가능하다고 생각했습니다.

수업의 목표를 학생들이 다양한 지구계의 상호 작용에 대해 이야기를 나누는 가운데 자연스럽게 다양한 지구계가 서로 중요한 영향을 끼친다는 사실을 느끼게 하는 것으로 정했습니다. 그래서 학생들에게 영상 시청 후 '지권과 생물권의 상호 작용의 예를 하나씩만 써 보세요.'라는 과제를 주었습니다. 학생들은 저마다 하나씩 생각해서 제출하겠지만 과제가 다 모이면 다양한 상호 작용의 예가 탄생할 것이라고 예상했습니다. 학생들이 제출한 과제를 모아서 댓글을 통해 이야기를 더 끌어가야겠다는 계획이 있었습니다.

학생들의 답을 게시하고 제 의견을 덧붙인 다음 댓글을 쓰도록 유도했는데 학생들의 반응이 생각만큼 높지 않더라고요. 제 뜻을 몰라주는 것 같고, 아무튼 의도대로 되지 않으니 힘이 빠졌습니다.

그런데 '수업과성장연구소' 선생님들이, 채팅으로는 학생들이 대화를 잘한다는 팁을 주셨습니다. '아, 댓글로 과학적 내용을 적는 게 학생들은 좀 부담스러울 수 있겠구나!' 하는 생각이 들었습니다. 그래서 반별로 채팅방을 개설했습니다. 저는 채팅방 게시판에 글을 올려 댓글을 유도한 이유를 설명하고, 댓글을 많이 써 줬으면 좋겠다는 읍소(?)도 했습니다. 그랬더니 학생들의 호응이 의외로

학생들과 쌍방향 소통의 방법으로 수업을 진행하는 모습

온라인 수업, 교사 실재감이 답이다

좋았습니다. 채팅방을 개설한 이후로 댓글이 달리기 시작하고 저도 조금 거들었더니 순식간에 제가 원하는 소통이 이루어졌습니다.

또 온라인 수업을 녹화 수업에서 실시간 수업으로 바꿔 보기도 했습니다. 실시간 수업은 과제가 없어서 수업에 참여하는 학생의 비율이 꽤 높았습니다. 그리고 수업이 서로의 의견을 듣고 말하는 대화 형식이다 보니 의견 교환과 발표가 더 잘 되는 느낌이었습니다.

100퍼센트 실시간 수업으로 진행하니 학생들의 의견을 들을 수 있어서 좋았습니다. 그렇지만 실험을 통해 보여 주고 싶은 내용까지 모두 말로만 설명해야 하는 아쉬움이 있었습니다. 그래서 실험 영상을 찍어서 실시간 수업과 과제형 수업을 병행하기로 했습니다. 과제형 수업은 학생들이 제출한 과제를 보면서 진행하는데, 많이 틀린 부분은 그다음 실시간 수업이나 보충 영상을 통해서 다시 한번 설명합니다. 이렇게 수업 방식을 조금씩 바꿔 보기도 하면서 진행하고 있습니다.

과제형 수업을 진행하면서 한 가지 고민이 생겼습니다.

‘학생들이 얼마나 이해하고 어떻게 이해하는지 확인할 방법이 있을까.’ 이런 고민을 하다가 학생들에게 퀴즈를 냈고, 거기에 학생들의 이해도를 나타낼 수 있는 서술형 문항을 하나 포함시켰습니다. 그리고 친구들의 답변과 내 답변을 비교 정리해서 게시판에 올린 다음 댓글을 이용해 의견을 나눌 수 있도록 수업을 설계했습니다. 단순히 영상을 봤는지만 확인하는 퀴즈 문항 이외에 학생들이 그날 배운 내용을 활용해서 답해야 하는 서술형 문항을 넣은 것이지요.

서술형 답변 중 학생들과 함께 이야기해 보고 싶은 내용은 게시물로 정리해서 다시 올렸습니다. 그리고 댓글로 대화를 이어 나갔습니다. 아래 댓글들은 ‘빙하가 녹아서 북극곰의 수가 줄고 있다’는 어느 학생의 답을 두고 학생들과 댓글로 대화한 내용입니다. 빙하가 녹는 과정을 지권, 수권, 기권과 자연스럽게 연결하며 지구계가 이렇듯 상호 작용하는 관계라는 점을 댓글을 통해서 배울 수 있었습니다.

■ 1반

과제에 있던 질문 : 지권과 생물권의 상호 작용에 대한 예를 써 보세요.

이름	답변	선생님의 생각과 질문
이○○	북극 얼음이 녹으면 북극 동물들이 살 수 없어진다.	여러분 생각에 이 답은 정답일까요? 그렇게 생각하는 이유는?
조○○	지렁이가 땅속의 흙을 청소해 준다.	지권과 생물권의 상호 작용이 맞나요?
이○○	폭포는 산에 내린 빗물이 흘러내리는 자연경관이니 수권과 지권이 모두 같이 상호 작용하고 있는 것이며 그곳에 생물이 사니까 생물권과도 관련이 있다.	○○이 답은 정말 훌륭해서 여러분한테 소개해 주고 싶었어요. ○○이의 답을 보고 궁금하거나 이해가 안 되는 부분은 없나요?

교사
얘들아. 북극곰이 밟고 서 있는 북극 얼음(빙하)은 지권일까? 너희들 생각은 어때?

ㄴ 천○○
수권 같아요.

교사
○○이는 수권이라고 생각하는구나. 다른 친구들은? ○○이는 얼음이 물이라서 수권이라고 생각하는 거니?

ㄴ 천○○
네.

ㄴ 김○○
저도 수권 같아요.

교사
○○이도 수권이라고 생각하는구나. 그럼 북극곰은 물고기도 아닌데 수권에서 사는 걸까? 다르게 생각하는 친구도 있을 것 같은데.

ㄴ 천○○
빙하도 수권에 포함되는 거 아닌가요?

ㄴ 김○○
저도 수권 같아요.

교사
그렇다면 빙하가 녹는 것은 어떤 지구계의 영향일까? 그게 또 궁금해지는데.

교사
너희들 생각대로 빙하는 수권이 맞아. 비록 밟고 서 있기는 하지만 물이 얼어서 된 것이기 때문에 수권이지. 그런데 빙하가 녹는 이유가 뭐지? 그걸 생각하면 빙하가 녹는 것이 어떤 지구계의 영향인지 알 수 있을 것 같은데.

ㄴ 김○○
외권이요.

ㄴ 교사
○○이는 왜 외권이라고 생각해?

ㄴ 김○○
얼음이나 물은 열로 인해 녹거나 온도가 올라가는데 빙하를 녹일 수 있을 만큼 열을 보내는 건 태양밖에 없으니까요.

ㄴ 교사
그렇구나. 맞네. ○○이의 말을 듣고 보니 태양에서 나오는 열에 의해 빙하가 녹으니까 외권의 영향이라고도 할 수 있겠네.

■ 2반

이름	답변	선생님의 생각과 질문
강○○	지권은 생물권에 토양을 주고 생물권은 지권에 영양분을 준다.	"생물은 땅에서 살아간다"고 쓴 친구들이 많은데, ○○이처럼 이렇게 서로 어떤 영향을 주고받는지 구체적으로 써 주는 게 좋아요.
윤○○	사람들(생물권)의 무분별한 개발과 도시화가 지권을 파괴하고 오염시킨다.	○○이는 정말 깊이 있는 답을 적었어요. 지권과 생물권의 상호 작용을 이렇게 환경 문제와 연결 짓다니! 친구들도 ○○이처럼 환경 문제와 연결 지을 수 있는 지권과 생물권의 상호 작용이 떠오르면 댓글에 적어 주세요.
정○○	지권과 생물권은 서로 영향을 주고받는다. 예를 들어 지권에서 화산 폭발이 일어난다면 생물들은 삶에 큰 변화를 겪고 생존에 위협을 받을 것이다.	○○이의 답처럼 자연재해 또한 우리 생물들에게 큰 영향을 주는데, 그중에서도 화산 폭발은 지권에서 일어나는 자연재해여서 아주 큰 영향을 준다고 할 수 있죠. 지권에서 일어날 수 있는 또 다른 자연재해에는 어떤 것이 있을까요?

윤○○

생물권이 지권에 영향을 주는 예로는 미생물이 낙엽과 동물들의 배설물을 분해해서 거름을 만드는 것이 있습니다.

└ 교사

○○아, 첫 댓글 고마워. 다른 친구들도 ○○이처럼 자유롭게 댓글 달아 줘요. 자기 생각을 마음대로 써도 돼요.

이○○

오, 저는 이렇게 깊게 생각하지 못했는데 이런 예도 있군요.

　처음에는 온라인 수업을 학생들이 보이지 않고 학생들
도 교사가 보이지 않는 외로운 수업이라고 생각했습니다.
그런데 이렇게 학생들의 의견을 들으면서, 또 화면을 통
해서이지만 학생들의 모습을 보면서 수업을 하다 보니 내
가 가르치는 대상이 차츰 보이기 시작했습니다. 가르치는
대상이 보이니 수업 설계도 그 대상에 따라서 계속 변하
는 것 같습니다. 교사 실재감 원리 덕분에 기계에 대고 수
업하는 느낌에서 벗어나 학생들을 가르칠 수 있었고, 학
생들은 '조은주'라는 사람을 통해서 과학을 배우는 소중
한 경험을 얻었습니다. 이로써 평소 저의 수업 철학을 실
현하고 학생들의 이해 정도를 파악하면서 수업을 할 수
있었습니다.

　온라인을 통해서 학생들과 꾸준히 소통하는 수업을 했

기 때문에 등교 수업을 한 후에도 학생들과 친밀도가 높았습니다. 그래서 학기 초반이 아닌 학기 중반의 분위기로 첫 등교 개학을 맞이할 수 있었지요. 또한 학생들이 어느 부분에서 개념을 이해하는 데 어려움을 느끼는지 파악한 덕분에 대면 수업을 설계할 때 어떤 점을 강조할지 알 수 있었습니다.

고민도 있습니다. 중학교 1학년은 2, 3학년보다 등교 일수가 턱없이 모자라기 때문에 온라인 수업을 통해 파악한 학생들의 개념 이해 수준을 보완할 수 있는 대면 수업 시간이 절대적으로 부족하다는 것입니다. 또한 온라인 수업에서는 평소보다 이론 수업이 많아질 수밖에 없습니다. 그래서 등교할 때만이라도 실험, 실습을 해 보게 하고 싶어서 등교 수업은 실험을 할 수 있게 설계했습니다. 그런데 코로나19 감염 위험 탓에 과학실 사용이 금지되고 모둠 실험도 할 수 없는 상황이어서 개인별로 간단한 실험만 하게 하고 있습니다. 그렇지만 학생에 따라서는 도움이 필요할 수도 있는데 교사 혼자 도와주기엔 한계가 있다는 것을 느꼈습니다.

온라인 수업도 아직은 반 학생 전체가 참여하지는 않아서 걱정입니다. 참여가 저조한 학생들을 어떻게 온라인상으로 나오게 할지 고민입니다. 그렇지만 막막하기만 하던 처음에 비하면 지금은 조금씩 잘 헤쳐 나가고 있다는 생각이 듭니다. 선생님들끼리 고민도 나누고 서로의 경험을 공유하면서 처음 겪는 이 상황을 잘 이겨 냈으면 좋겠습니다.

온라인 수업, 교사 실재감이 답이다

💡 *선생님의 해결 아이디어*

영상 기법보다
내용에 초점 두기

* 온라인에서도 선생님이 과학 공부를 도와준다는 것을 느끼게 해 보자.

내가 원하는 수업을 해 봐야겠군!

교사 실재감
**수업의
흐름 이끌기**
BEING

내가 원하는
수업이 조금씩 되어 가네.
TALK
깨똑!
온라인
상황
집 근처에서 어떤 돌을 봤니?
줄무늬 돌이요.
그럼 그건 변성암인가?
퇴적암에도 줄무늬가 있었던 거 같아.
변성암과 퇴적암의 줄무늬가
어떻게 다른지 생각해 볼까?
아파트에 있는 돌은 흰색에 검은색 줄무늬였어요.
그거 책에 나온 편마암처럼 생긴 거 아냐?
퇴적암의 줄무늬라면 어떤
특징이 있는지 생각해 볼까?
교사 실재감
수업의
흐름 이끌기
BEING

공감 코칭

조은주 선생님은 중학교에서 과학을 가르치십니다. 안양은 학부모님들의 교육열이 높은 지역이어서 수업 영상을 찍는 것에 대한 부담이 다른 지역보다 컸습니다. 내가 사교육이나 다른 콘텐츠와 비교되는 건 아닐까 하는 생각이 들었고, 자신감을 잃어 수업 설계 생각도 많이 희미해져 있었습니다. 그러다가 교사 실재감 카드뉴스를 접한 뒤로 수업을 조금 더 적극적으로 기획하게 되었습니다.

아무리 생각해도 내가 원하는 수업은 다른 콘텐츠를 끌어와서 할 수 있는 게 아니라는 생각이 들어서 조은주 선생님은 수업 영상을 직접 제작하고 만들기로 결심했습니다. 선생님은 평소 수업에서 학생들에게 질문을 던지고 학생들이 그 질문에 답하는 과정을 즐기는 편이었습니다. 학생들은 선생님이 던지는 재밌는 질문에 답하면서 과학의 원리를 이해하고 알아 가는 즐거움을 느꼈습니다. 그리고 과학이 우리 실생활과 그렇게 멀리 떨어진 것이 아니라는 점도 알게 됐습니다.

그래서 세련되지는 않더라도 선생님이 그동안 해 온 활동들을 살려서 직접 영상을 찍기로 했습니다. 온라인 수업에서도 선생님이 과학 공부를 도와주고 있다는 것을 느끼게 하고 싶어서 그것을 영상으로 구현해 봤습니다. 학생들은 선생님이 만든 수업 영상을 본 뒤에 재미있는 답, 창의적인 답을 온라인 과제로 제출했습니다.

선생님은 그것을 보고 몹시 기쁘고 신났지만 한계가 있었습니다. 교실이었다면 학생들의 답을 토대로 생각을 더 확장할 수 있는 질문을 던져서 학생들을 자극할 수 있는데 온라인 수업에서는 어떻게 해야 할지 고민이었습니다. 그래서 선생님이 찾아낸 방법은 반별로 카톡 대화창을 만들어 그 공간에서 질문하고 답하는 것이었습니다. 학생들의 반응은 예상보다 훨씬 좋았습니다.

"집 근처에서 어떤 돌을 봤니?"

"줄무늬 돌이요."

온라인 수업, 교사 실재감이 답이다

"그럼 그건 변성암인가?"

"퇴적암에도 줄무늬가 있었던 거 같아."

"그럼 변성암과 퇴적암의 줄무늬가 어떻게 다른지 생각해 볼까?"

"아파트에 있는 돌은 흰색에 검은색 줄무늬였어요."

"그거 책에 나온 편마암처럼 생긴 거 아냐?"

학생들은 꼬리에 꼬리를 무는 질문을 했습니다. 선생님은 교실에서 구현했던 수업을 온라인에서도 재현할 수 있어서 기뻤습니다. 평소 선생님은 과학은 정답만 말해야 하는 과목이 아니라 자신의 생각을 충분히 표현할 수 있고 삶과 연결되는 과목이라는 것을 학생들에게 알려 주고 싶어 했습니다. 선생님은 온라인에서도 교육 목표가 잘 구현된 수업을 구성해서 자신의 존재감을 나타내셨습니다.

조은주 선생님도 다른 선생님들이 일반적으로 부딪힌 고민에 빠지게 됩니다. '잘 만들어진 수업 영상이 많은데 굳이 내가 수업 영상을 찍어야 하나?' 하는 고민이지요. 물론 그 고민은 교사 실재감과 BEING 개념을 접하고 해결됩니다.

그런데 막상 온라인 수업을 하게 되자 선생님의 실제적인 고민이 새롭게 시작됩니다. 선생님은 평소 과학적 사실을 암기하는 수업이 아니라 그 이유를 놓고 친구들끼리 대화하면서 자기 관점을 수정하고 진실에 접근해 가는 수업을 선호했습니다. 그런데 그런 수업을 온라인 수업 공간에서도 이어 갈 수 있을지가 고민이었습니다.

사실 이 고민은 우리 교육계에 매우 중요한 화두입니다. 지금 우리 교육은 온라인 수업으로 전환하면서 이전의 탐구식 수업, 학생 참여 중심 수업, 토론 활동 중심 수업의 자리가 좁아지고, 진도를 빼는 지식 암기 수업으로 급속히 바뀌고 있는 것이 사실이니까요. 그러니까 선생님의 문제의식은 온라인 수업 환경을 선택한다 해도 그런 새로운 수업이 여전히 가능한지 그리고 가능하게 하는 전략은 무엇인지에 관한 소중한 문제의식이었습니다.

이 고민을 해결하기 위해 선생님은 하나의 영상 도

온라인 수업, 교사 실재감이 답이다

구를 활용하지 않고 여러 영상 도구를 활용했습니다. 강의식 영상, 실시간 온라인 수업 영상, 과제형 수업 영상을 두루 사용한 것입니다. 소통 방식에도 게시판의 댓글을 이용하다가 반별 채팅방을 개설하여 그 안에서 글을 올리고 댓글을 유도했습니다. 수업과 관련된 퀴즈를 낼 때도 영상을 보았는지 확인하는 정도를 넘어 배운 내용에 대한 이해를 확인하는 서술형 문항을 넣고, 학생들의 답변 중에서 더 토론하고 싶은 내용을 정리해 게시물로 올렸습니다.

이 과정은 약간 복잡하고 번거로워 보입니다. 여러 영상 도구에 더해 복수의 소통 채널을 이용하고, 더 토론하고 싶은 과제물의 답변을 정리해 올리며 댓글을 유도하는 등 간단치 않은 절차를 밟아야하니까요. 그러나 조은주 선생님에게 물어보면 아마 이 절차에 전혀 복잡함을 느끼지 않는다고 대답할 것입니다. 왜냐하면 선생님에게는 이 복잡한 영상 채널과 소통 채널이 아이들이 과학적 사실을 단순히 암기하지 않고 그 이유를 서로 토론하면서 실체적 진실을 경험하게 하는, 자신의 수업에서 가장 중요시하는 목표를 지원하는 도구들이기 때문입니다. 도구 자체만 생각하면 복잡하고 번거롭습니다. 그러나 그 도구를 통해 이루어야 할 목표에 집중한다면, 복잡한 것은 복잡한 대로 교사의 머릿속에서 제자리를 잡으며 교사를 지원할 것입니다.

그러니까 우리가 중요하게 생각할 것은, 수업을 통해서 얻고자 하는 목표에 대한 강한 동기 부여입니다. 조은주 선생님에게 수업은 교육부에서 하라는 대로 따라 하는 일이 아니라, 교사이자 전문가로서 자기가 옳다고 판단해서 이루고 싶은 목표를 성취하는 행위였습니다. 그리고 그 목표는 자신과 무관한 것이 아니라 나를 달리게 하고 내 안의 에너지를 이끌어 내는 일종의 자기됨이었습니다. 그런 목표가 없다면 온라인 수업에서 교사들은 아이들을 자유롭게 만날 수 없는 큰 불편함을 느끼거나 온라인 도구의 번잡스러운 활용법에 지칠 뿐입니다.

교사 실재감 BEING 원리가 조은주 선생님에게는 어떤 영향을 끼쳤을까 생각해 보니, 앞의 두 분과 조금 다른 양상을 보입니다. 안휘준 선생님과 전진우 선생님이 연결되는 관계 만들기나 존재감 나타내기에 초점을 맞췄다면, 조은주 선생님은 '수업의 흐름 이끌기'와 '피드백으로 다가가기'에 초점을 맞추었습니다. 물론 그 과정에서 자연스럽게 연결되는 관계 만들기가 이루어졌고, 교사 존재감 역시 수업의 흐름 이끌기와 피드백으로 다가가기의 모든 과정에 아주 강렬하게 나타났습니다.

조금 구체적으로 설명하면 이렇습니다. 선생님은 아이들이 수업 내용을 통해서 단지 지식을 암기하는 데 머무르지 않고 그 원리를 이해하되, 그것을 혼자가 아니라 친구들과의 학습을 통해 최종적으로 실체적 진실을 발견하는 데 초점을 맞추었습니다. 그래서 기본 지식을 담은 영상을 찍어 보여 주기도 하고, 실시간 온라인 수업을 통해 학생들의 참여를 유도하고 의견을 자유롭게 말하게 하며, 과제형 수업에서 인상적인 답변을 발굴해 반별 채팅방에서 대화를 이어 갔습니다. 수업의 흐름을 이끌고 피드백으로 다가가기에 초점을 맞춘 것인데, 이때 선생님은 학생들과 연결되는 관계 맺기 등을 주된 목표로 설정하지 않은 채 곧장 수업의 흐름을 이끌거나 피드백으로 다가가는 데 집중했습니다.

물론 그 과정에서 과제에 대해 인상적인 답변을 쓴 학생을 채팅방에 소개하며 토론을 유도하고 실시간 채팅방에서 대화하는 동안 결과적으로 관계 맺기가 가능해진 측면도 있습니다. 또한 그렇게 노력하는 교사의 주체적인 활동도 교사의 존재감 나타내기의 중요한 특징입니다. 그렇게 온라인 수업을 한 뒤 대면 수업을 했을 때, 다른 교과목에 비해 학생들과의 친밀도가 높고 학기 초반이 아니라 학기 중반 같은 분위기를 대면 수업에서 경험했습니다.

그런 의미에서 관계 맺기와 수업의 흐름을 이끌고 피드백으로 다가가기가 실제 온라인 수업에서 서로 어떻게 이어지며 어떤 연결이 가장 효과적인지 점검하고 확인하는 작업은 매우 중요한 과제라 할 것입니다. 한 학급에서 모든 교과를 가르치는 초등학교와 여러 학급을 돌며 한 교과를 가르치는 중고등학교의 상황은 아마 다를 것입니다. 교사 개인의 성향과 문제의식에 따라 다른 점도 있을 테고요.

조은주 선생님의 사례는 학생 참여 중심, 탐구형 교과 수업을 온라인 공간에서 시도할 때 참고해야 할 중요한 시사점을 제공합니다. 한 가지 확실한 사실은, 온라인 수업이 학생 참여 중심 수업을 할 수 없는 사각지대는 아니라는 점입니다. 그렇다면 온라인 공간에서 각자 어떻게 학생 참여 중심 수업, 활동 중심 수업을 기획하고 결실을 맺을지가 우리에게 주어진 과제일 것입니다.

1. 조은주 선생님은 교사들이 온라인 수업에서 일반적으로 사용하는 영상 도구나 소통 도구보다 훨씬 많은 도구를 사용하는 듯합니다. 그래서 우리도 이렇게 많은 채널을 동원해야 하는가 하는 강박을 느낄 수도 있습니다. 그런데 선생님이 조은주 선생님 입장이라면 다소 복잡하고 번거로운 이런 도구를 사용한 의도는 무엇이며 그 의도와 목적에 비추어 볼 때 도구의 복잡성을 어떻게 느꼈을 것이라 보시나요? 또 이것이 우리가 온라인 공간에서 여러 소통과 영상 도구를 선택할 때 주는 시사점은 무엇입니까?

2. 조은주 선생님은 온라인 수업에서 교사 실재감의 BEING 원리 중 주로 '수업의 흐름을 이끌기'와 '피드백으로 다가가기' 방법을 사용했습니다. 그러면서도 오프라인 등교 때 학생들을 학기 초반이 아닌 학기 중반에 만난 듯한 친밀함을 경험했다고 했습니다. 그렇다면 '수업의 흐름 이끌기'와 '피드백으로 다가가기' 방법에 방점을 찍어도 결과적으로 '연결되는 관계 만들기', '존재감 나타내기'가 가능하다는 뜻이 됩니다. 이것이 우리 수업에 주는 시사점은 무엇입니까?

3. 온라인 공간에서는 종래의 '학생 참여 중심 수업'과 '활동 중심 수업'에서 추구한 탐구형 수업의 이상을 실현하기 어렵다고들 합니다. 그런데 조은주 선생님은 지식 암기식 수업을 극복하고자 하던 평소의 수업 철학을 온라인 수업에서도 포기하지 않았습니다. 이는 온라인 공간을 학생 참여 중심, 활동 중심 수업의 무덤으로 바라보는 일반적 관점을 넘어서는 자세입니다. 선생님의 시도는 얼마나 효과적이며 성공의 비결은 무엇이라 생각하십니까? 또한 그 점에서 우리에게 남겨진 숙제는 무엇이라고 생각하십니까?

4. 조은주 선생님의 실천 사례를 보면서 학생의 수업 참여를 위해 온라인 수업과 대면 수업에 적용하거나 응용하고 싶은 것은 무엇입니까? 사례에 나오지 않는 또 다른 새로운 아이디어도 같이 나누어 봅시다.

4

제4원리
피드백으로 다가가기

: 심효은(포항여자전자고등학교 디자인교사)

심효은 선생님은 제4원리, 즉 '피드백으로 다가가기'에 집중해서 수업을 진행했습니다. 물론 3원리인 '수업의 흐름 이끌기' 원리도 비중 있게 활용했습니다. 선생님의 수업은 특성화고 미술 프로젝트 수업이 온라인 수업을 통해서 펼쳐지고 대면 수업에서 통합되는 놀라운 모습을 보여줍니다. 특성화고 상황이기는 하지만, 온라인 공간에서 프로젝트 수업의 가능성을 탐색하는 매우 소중한 결과입니다. 선생님의 디자인 수업으로 들어가 봅시다.

"블렌디드 수업 속, 무모한 프로젝트 수업 분투기"

특성화 고등학교 산업디자인과 106명의 여학생들! 아이들과 상담하다 보면 나도 모르게 눈시울이 뜨거워지며 마주 앉은 아이와 함께 눈물을 닦을 때가 있습니다. 어려운 가정 형편, 낮은 자존감, 진로의 불확실성 때문에 우리 아이들은 아픕니다. 어떤 선생님들은 "수업이 안 된다고! 이 아이들을 데리고 어떻게 수업을 해야 할지 모르겠어." 라고 합니다. 학교가 힘들다고 합니다. 아픈 아이들도 보이지만 아픈 선생님들도 보입니다. 수업에 의지가 없는 학생들, 그런 아이들에게 희망과 꿈을 심어 줘야 하는 선생님들! 분명 함께 호흡하는 수업 속에서 밝은 빛을 볼 수 있으리라 믿습니다.

코로나19 때문에 3월 개학을 하지 못했습니다. 봄이면 우리 학교에는 벚꽃 명소 못지않게 벚꽃이 흐드러지게 피어나 학생들과 선생님들이 벚꽃 포토 타임을 마련해 함께 즐깁니다. 올봄에는 벚꽃이 홀로 외로이 피고 졌습니다. 온라인 개학 이후 학생들은 학교를 그리워하며 휴대폰과

온라인 수업, 교사 실재감이 답이다

컴퓨터로 선생님들을 만나기 위해 접속하고 또 접속했겠지요. 그 안에 선생님들이 계셨을까? 내가 존재했을까?

학교란 우리 아이들에게 일상이자 삶 자체였을 것입니다. 코로나19 탓에 뒤늦게 이루어진 등교 개학 이후 학생들에게서 많은 변화가 느껴졌습니다. 철부지 어린아이 같았는데 진지하게 수업에 참여하고 더 잘하려고 욕심도 부립니다. 4월 16일부터 5월 19일까지 온라인에서 만난 시간이 있었기에 살아 있는 오프라인 수업이 가능했다고 생각합니다.

코로나19 사태가 발생하기 전, 저는 '지역을 홍보하고 지역과 함께 성장하는 캐릭터 제작'을 수업 목표로 삼는 프로젝트 과정을 구성하였습니다. 첫 번째 프로젝트 명은 '포항의 역사를 Design하라!'로 정했습니다. 즉 지역민들이 잘 알지 못하는 포항의 역사 인물 8명을 조사하고 캐릭터로 제작하여 역사적인 사건, 위인의 삶 속에 있는 숭고한 정신을 알리고자 했지요. 지역 출신의 역사 인물을 캐릭터로 제작해서 지역민들에게 알리는 프로젝트를 통해 학생들에게 공동체의 의미를 되새겨 주고, 지역 내 전시

행사와 학생들의 역사 인물 알리기(프레젠테이션 행사)를 통해 교실 수업을 실제화하고자 했습니다. 상당히 긴 대장정의 프로젝트로, 그 과정을 거치면서 학생들이 역사를 배우고 캐릭터를 제작하는 과정과 기술적인 방법 그리고 전체적인 레이아웃 구성 능력을 키우게 될 것으로 기대했습니다.

작년에도 비슷한 프로젝트를 운영해서, 학년 마지막 날 학생들에게 구체적인 수업 내용과 과정을 소개했습니다. 학생들은 시청에서 전시회를 계획하고 있으며 우리 시의 역사 인물을 캐릭터로 제작한다는 점에 좋은 반응을 보여 주었지요. '우리가 전시를 하다니!'라는 생각에서 잔뜩 기대에 찬 모습이었습니다. 첫 프로젝트의 성과는 무척 좋았습니다.

그러나 작년의 좋은 경험에 기반한 새해 계획은 보기 좋게 어긋났습니다. 올해 3월, 사상 초유의 코로나19 사태로 인해 눈과 눈이 만나고 마음과 마음이 만나는 수업을 할 수 없게 된 것입니다. 온라인 개학은 저에게 무거운 짐을 떠안겨 주었고 매일 매시간이 수업 고민이었습니다.

제가 추구하는 수업은 모둠 활동을 바탕으로 한 프로젝트 수업으로, 삶 속의 주제를 아이들이 주체가 되어 해결해 나가는 것이었기에 온라인 수업은 저에게 두려움 그 자체였습니다. 그 모든 것을 대신할 수 있는 수업 방법이 필요했습니다.

그러다가 '수업과성장연구소'의 카드뉴스를 통해 '교사 실재감' 원리를 만났습니다. 순간 정신이 번쩍 들었습니다. 그때부터 '교사 실재감을 어떻게 구현해야 할까? 아이들과 어떻게 만나야 할까?' 하는 고민이 시작되었습니다.

교사 실재감! 그래! 내 수업을 다시 한 번 살펴보자! 그때부터 저는 올해 계획했던 수업의 주제를 끄집어내 생각하고 또 생각했습니다. 처음에는 플랫폼이 정해지기 전이라 카페를 통해 아이들과 구구절절 글로 소통하려고 애썼습니다. 아이들의 반응은 당연히 그저 그랬고요. "이해하기 어렵다." "잘 모르겠다."는 반응이 있었습니다. 다시 고민이 시작되었습니다.

그래서 '수업 과정을 쪼개 볼까? 아이들이 쉽게 다가갈 수 있게 활동을 나누고 확실한 예시를 보여 주자!'고 생각

프로젝트 차시별 과정

주	차시	<포항의 역사를 Design하라!> 프로젝트 과정
1	1차시-3차시	포항의 역사 인물 리서치 활동
2	4차시-6차시	역사 인물 스토리텔링 1단계 - 인물 관계도 제작하기
3	7차시-9차시	역사 인물 스토리텔링 2단계 - 캐릭터 프로필 제작하기
4	10차시-12차시	다양한 인물 캐릭터 리서치하기
5	13차시-15차시	제1창작 1. 인물 캐릭터 분석 모형 설계하기
6	16차시-18차시	제1창작 2. 다양한 인물 형태 그려 보기
7	19차시-21차시	제1창작 3. 역사 인물 아이디어 스케치
8	22차시-24차시	제1창작 분석하기
9	25차시-27차시	제2창작 아이디어 스케치 수정 보완, 채색 활동
10-11	28차시-33차시	그래픽 프로그램으로 캐릭터 표현하기
12	34차시-36차시	프로젝트 전 과정 성찰 활동과 피드백
	2020년 12월 시청 전시회와 역사 인물 프레젠테이션 행사 예정	

했습니다. 프로젝트 과정을 더 세분화하고 각 단계마다 쉽게 다가갈 수 있는 활동지 레이아웃과 교사의 예시를 첨부하는 수업 계획을 세웠습니다.

며칠 뒤 우리 학교가 사용할 플랫폼이 결정됐고, 선생님들은 대부분 기존의 콘텐츠들을 활용해 수업을 구성하였습니다. 그러나 기존 콘텐츠들 중에는 제가 수업에 활용할 만한 것이 없었습니다. 결국 저는 망고보드 등을 이용한 PPT 자료를 아이캔노트를 이용해 녹음하는 방법으

온라인 수업, 교사 실재감이 답이다

로 수업 영상을 직접 만들기로 했습니다.

이 프로젝트 수업을 왜 계획했는지, 학생들이 수업을 통해 어떤 힘을 키우기를 원하는지 등등을 제 목소리로 이야기하고 수업의 방향과 수업과 관련된 지식을 안내했습니다. 그리고 활동 과제와 활동 방법을 체계적으로 작성하여 카페에 올렸습니다.

그러고는 아이들이 만든 활동지를 확인했습니다. 반듯한 글씨로 꼼꼼하게 작성한 학생들의 활동지를 보니 정말 감동이었습니다. 저는 활동지들을 출력해서 제 글씨로 피드백하고 스캔하여 피드백 게시판에 다시 올렸습니다.

그렇게 일주일이 흘렀고 또 다른 고민이 이어졌습니다. 수업에서 소외된 몇몇 아이들이 보이기 시작했기 때문입니다. 그 아이들도 수업에 참여시키고, 수업의 과정을 아이들 마음에 새겨 주고 싶은데 좋은 방법이 없을까? 이때 떠오른 것이 카드뉴스였습니다. 수업의 각 과정을 카드뉴스 형태로 보기 좋게 정리해서 교과 단톡방에도 올리고 카페에도 공지했습니다. 정말 다행스럽게도 아이들이 카페챗과 톡으로 과제를 언제까지 올리면 되는지, 9개 과제

중에서 4개만 하면 안 되는지 이런저런 질문을 하기 시작했습니다. 이 과정에서 한 가지 특이했던 것은, 작년에는 수업에 거의 참여하지 않았던 학생이 온라인에서는 누구보다 적극적으로 참여했다는 점입니다.

그런데 수업 참여율이 저조한 몇 명의 학생이 마음속에 가시 같은 존재로 계속 남았습니다. 참여율이 저조한 이유가 있을 것이라 생각한 저는 그 학생들과 통화하여 학업 의지를 북돋워 주고, 수업 활동지를 수업꾸러미라는

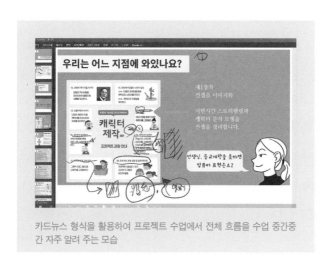

카드뉴스 형식을 활용하여 프로젝트 수업에서 전체 흐름을 수업 중간중간 자주 알려 주는 모습

온라인 수업, 교사 실재감이 답이다

이름으로 각 가정에 보냈습니다. 수업꾸러미는 완성하지 못했지만, 신기하게도 등교 수업 이후 그 학생들의 수업 참여도가 많이 높아졌습니다.

온라인 수업에서 겪은 어려움도 있었는데, 무엇보다 프로젝트 문제가 컸습니다. 큰 프로젝트를 온라인에서 진행하려니 저부터 전체 과정을 마음에 담고 수업하기가 버거웠습니다. 학생들이 활동하는 내용도 직접 볼 수 없고, 카페를 통해 업로드 되는 과제를 하나하나 체크하면서 댓글이나 카카오톡을 이용해 피드백을 하다 보니 너무 많은 시간과 에너지가 소요됐습니다. 그래서 전체적인 프로젝트 과정을 한눈에 알아볼 수 있도록 카드뉴스 형태로 제작하여 수업 영상 앞쪽에 공지함으로써 학생들이 흐름을 놓치지 않게 했으며, 수업의 목표와 활동의 이유를 자연스럽게 받아들일 수 있도록 노력했습니다.

힘들었던 점을 세 가지로 요약해 보면 다음과 같습니다. 첫째, 가장 어려웠던 점은 가장 노력했던 점과 같았습니다. 바로 학생들의 활동 결과지를 피드백 하는 문제입니다. 어떤 날은 학생들과 보이스톡으로 통화하고 어떤

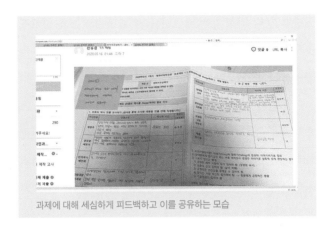
과제에 대해 세심하게 피드백하고 이를 공유하는 모습

날은 길고 긴 메시지를 주고받아야 했습니다. 둘째, 수업 영상을 찍고 편집하는 시간이 평소 수업 준비 시간의 세 배 이상 소요되는 점이 힘들었습니다. 영상을 찍은 후 학생의 처지에서 영상의 내용을 확인하고 그에 걸맞은 활동지를 만들었으며, 영상을 올린 후에는 학생들의 수업 진도를 체크하고 진도가 늦은 학생들에게는 따로 연락하는 등 하루 24시간으로는 부족했습니다. 셋째, 대면 수업에서 이루어지는 학생들과의 자연스러운 소통과 그 안에서 싹트는 신뢰를 온라인 수업에서는 구현할 수 없었습니다.

온라인 수업, 교사 실재감이 답이다

그래서 등교 개학 상황까지 고민하며 온라인 수업을 이끌어야 했습니다. 현재 상황과 개학 후 상황을 예측해 가면서 수업 전체를 바라봐야 하는 것이 힘들었습니다.

물론 장점도 있었습니다. 수업 영상을 다시 확인하면서 제 수업을 더 꼼꼼히 살펴봄으로써 장점과 단점을 명확하게 파악했습니다. 그래서 더 고민했고, 제 수업에 100% 확신이 설 때까지 수업 과정에 단계를 추가하거나 학생들과 만나기 위해 애썼습니다.

등교 개학 후 아이들과 만나는 첫 수업 시간! 그동안 함께 해 온 활동을 다시 한 번 안내하고 학생들의 과제를 전체적으로 살펴보는 시간을 마련했습니다. 열심히 참여한 학생들의 반짝이는 눈빛, 참여하지 못한 학생들의 도움을 요청하는 눈빛을 살피며 과제를 출력해 책으로 엮었습니다. 학생들은 정말 뿌듯해하며 다음 수업에 대한 기대, 완성될 결과물에 대한 기대를 내비쳤습니다.

현재 결과물은 기대 이상의 수준으로 완성되고 있습니다. 특히 놀라운 점은 온라인 수업 참여율이 저조해 수업 꾸러미를 보냈던 학생들의 태도 변화입니다. 작년에도 모든 교과에서 수업 참여가 낮았던 학생들인데, 꾸준한 피드백으로 학업 의지를 북돋워 주자 누구보다 열심히 참여하는 모습을 보이고 있습니다.

오프라인 등교 후에 제가 가장 관심을 기울이는 일은 학생들 개개인에 대한 효율적인 피드백입니다. 전체를 돌보면서 개별 피드백을 효율적으로 하는 방법을 찾고 싶습니다. 또한 학생들이 프로젝트 수업 과정에서 단계를 잘 알고 스스로 즐겁게 참여하는 수업으로 이끌고 싶습니다. 수업에서 특별히 힘을 쏟는 피드백 활동은 '모두 함께 출렁이는 수업!'이라는 제 수업의 지향을 수업에 녹여내는 하나의 방법이라고 생각합니다. 그래서 더 나은 방법을 계속 고민하고, 떠오르는 아이디어를 수업에서 실천하는 중입니다. 딱 맞는 옷을 입듯, 저와 아이들이 서로 부대끼는 가운데 마음을 맞춰 가는 수업을 하고 싶습니다.

제가 이번에 도움을 받은 '교사 실재감' 원리는 온라인뿐 아니라 오프라인 수업에서도 구현할 수 있다고 생각합니다. 온라인 수업 기간에 교사 실재감을 마음에 담아 수업에 실재감을 녹여내려고 했습니다. 연결되는 관계를 만

온라인 수업, 교사 실재감이 답이다

들고, 존재감을 나타내고, 수업의 흐름을 이끌고, 피드백으로 다가가는 BEING은 오프라인 수업에 더 필요한 부분임을 느꼈지요.

저는 온라인 수업을 실체화하기 위해 학생들이 제출한 과제를 단계별로 엮어서 책으로 만들기도 했습니다. 그리고 오프라인 수업 단계에서 제작되는 과제들을 계속해서 이어 가 이제 제법 책의 형태를 갖출 만큼 두꺼워지고 있습니다. 온라인에서 활동한 과제가 제법 그럴싸한 모습으로 만들어지자 학생들은 최종 결과물에 대한 기대가 높아지는 분위기입니다.

저는 지금 오프라인 수업을 하며 학생들 한 명 한 명에 대한 피드백에 힘을 쏟고 있습니다. 그리고 결과물의 공모전 참여, 전시회 일정 안내 등 학생들이 학업 의지를 자발적으로 갖추고 즐거운 마음으로 참여하면서 수업의 최종 단계를 함께 상상하도록 수업을 이끌고 있습니다.

포항의 역사를 디자인하라!
고민 중
샘~ 스토리텔링 어떻게 하는지 하나도 모르겠어요.
아몰라 몰라!!
모둠으로 안 하고 혼자 하려니까 너무 어려워요.
프로젝트
재밌겠지?
포항여자전자고등학교 심효은 선생님

선생님의 해결 아이디어

학생의 어려움을 듣고 수업 설계에 반영하기

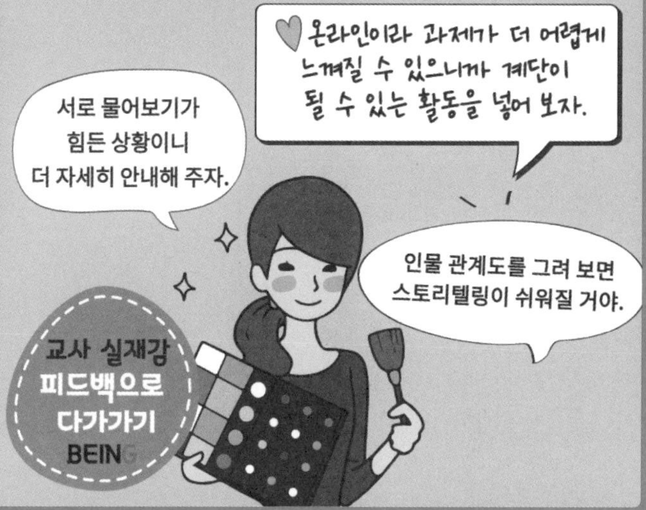

공감 코칭

포항에 있는 특성화 고등학교에서 디자인 과목을 가르치는 심효은 선생님의 실천 사례입니다. 올해 큰 프로젝트 수업을 기획하고 있던 선생님은 온라인 수업 상황이 되자 막막해졌습니다. '이 수업을 포기해야 하나?' '모둠 활동도 할 수 없는데 프로젝트 수업이 가능할까?' 하는 고민이 뒤따랐습니다. 그러나 선생님은 마음을 다잡고 먼저 학생들이 어려워하는 점을 온라인상에서 잘 들어 봤습니다.

"선생님, 스토리텔링 어떻게 하는지 하나도 모르겠어요."

"모둠 활동으로 하지 않으니까 어떻게 해야 할지 모르겠어요."

학생들의 이야기를 듣고 수업 설계에 반영해서 학생들을 이끌려고 노력했습니다. 학교에 나와서 대면 수업을 했다면 쉽게 이해할 수 있는 내용도 온라인이기 때문에 이해하기 어려울 수 있다는 점, 즉 온라인의 특

온라인 수업, 교사 실재감이 답이다

성을 이해하고 수업에서 더 자세하고 분명히 알 수 있
도록 안내했습니다. 학교에 간 상황이면 친구들이 하
는 것을 어깨너머로 보면서도 대충 이해할 수 있는데,
온라인 수업에서는 선생님의 설명에만 의존하기 때문
에 쉬운 내용도 어렵게 느낄 수 있다는 뜻입니다.

선생님이 계획한 프로젝트는 포항의 역사적 인물을
찾고 그 인물의 이야기를 잘 살려서 캐릭터를 디자인
하는 수업이었습니다. 역사적 인물에 대한 스토리텔링
을 잘해야 하는데 학생들이 그 점을 어려워하자, 선생
님은 스토리텔링으로 곧장 들어가지 않고 그 아래에
더 쉽게 할 수 있는 단계를 놓아 줬습니다. 스토리텔링
을 하기 전에 인물 관계도를 먼저 그려 보면 인물을 더
잘 이해할 수 있고 관계도를 바탕으로 스토리텔링이
더 쉬워질 것이라고 생각한 것입니다.

프로젝트 수업은 매시간 활동이 서로 연결되어 있다
는 특성을 알고 잘 따라와 줘야 하는데, 학생들이 중간
중간 던지는 질문을 보면 황당할 때가 종종 있었습니
다. 선생님은 어떻게 하면 수업의 전체적인 큰 그림을

학생들이 잘 파악하고 따라오게 할 수 있을지를 고민했습니다. 그러다가 온라인 수업에서는 학생들이 수업의 큰 방향을 잃기 쉬우므로 늘 기억하고 볼 수 있도록 수업의 전체적인 지도를 예쁘게 만들었습니다. 그리고 전체 수업 중에서 어느 부분을 하고 있는지 학생들이 확인할 수 있게 했습니다.

마지막으로 선생님은 수업에서 마음을 담아 피드백하려고 노력했습니다. 학생들이 어려워하는 점을 보면 그냥 지나치거나 잘못했다고 지적만 하는 것이 아니라, 선생님이 함께하고 있고 도와줄 테니 다시 한 번 도전해 보자고 격려했습니다.

심효은 선생님의 프로젝트 수업은 실로 무모한 시도라 할 수 있습니다. 온라인을 최소한의 지식 전달을 위한 공간으로 여겨도 감당할 일이 적지 않은데 학생 참여 활동의 백미라 할 수 있는 프로젝트 수업을 온라인에서 시도했다니, 참으로 입이 떡 벌어지는 일이 아닐 수 없습니다. 프로젝트 수업은 온라인 수업에서는 불가능하다는 게 상식인데, 그 상식에 도전하다니 말입니다.

온라인 수업, 교사 실재감이 답이다

앞의 조은주 선생님이나 심효은 선생님의 경우를 통해 우리는 지난 10여 년간 우리 교육계가 시도해 온 진취적인 수업 방법이 현재의 온라인 기술 환경에서 얼마나 가능하고 어디에서 멈추게 될지 확인할 수 있는 아주 중요한 시사점을 얻었습니다. 수천만 원을 투자하는 교육청 차원의 거대한 연구 프로젝트형 수업을 이렇게 온라인 공간에서 교사 개인이 시도했다는 것은 얼핏 무모해 보이지만, 우리 교육에 희망이 있음을 시사합니다. 또한 동료 교사들에게 강한 도전 의지와 자극을 주는 일이 아닐 수 없습니다.

교사 실재감의 개념을 갖추고 BEING 원리를 따라 투지 있게 발버둥 치는 교사가 있다는 사실이 우리를 전율케 합니다. 그래서 심효은 선생님의 온라인 수업 분투기를 두고 이런저런 말을 하는 것 자체가 사족처럼 느껴집니다.

저 거대한 규모의 프로젝트 수업을 온라인에서 시도한 동기는 무엇이었을까 생각해 봅니다. 수업에서 자기 존재감을 확인하고 교사 실재감을 지니고자 하는 동기는 경우에 따라 교사 자신의 만족에 초점이 맞춰질 수도 있습니다. 그런데 선생님의 사례에서는 특성화 고등학교 106명 여학생들에 대한 사랑과 애잔한 마음이 느껴집니다. 가정 형편이 어렵고 자존감이 낮고 진로는 불확실한 아이들에게, 이제 곧 더 큰 사회로 나갈 아이들에게 무엇을 들려줄 것인가 하는 고민. 이 아이들을 데리고 하는 수업은 불가능하다는 선생님들의 절망에 그렇지 않다고, 이 아이들에게도 가능성이 있다고, 교사는 그 가능성을 실현하게 하는 존재가 아니냐고 외치는 단호한 목소리가 선생님의 온라인 수업 전 과정에서 느껴집니다.

어찌 보면 선생님의 굳센 의지가 무지막지한 규모의 프로젝트 수업을 온라인 공간으로 끌어들인 힘일 것입니다. 소속 학교의 플랫폼이 결정되자 다른 선생님들은 기존 콘텐츠를 사용했지만, 심효은 선생님은 그러지 않았습니다. 선생님이 수업을 통해 이루고자 하는 최종 목표가 남달랐고, 그 목표를 이루는 데는 기존의 도구와 콘텐츠가 소용없다는 것을 알았기 때문입니다.

그래서 기술적 절차를 다양하게 시도하고 소중한 성과를 얻기도 했습니다. 수업에 참여하지 않았던 학생들의 적극적인 참여, 반듯한 글씨로 꼼꼼하게 작성한 활동지 같은 것은 어쩌면 당연히 예상되는 결과였습니다. 누구든 원하는 것을 위해 자기 것을 쏟아부으면 얻기 마련입니다. 문제는 '쏟아부어 얻고자 하는 것이 무엇인가?'입니다.

선생님이 온라인 수업을 하면서 겪었다고 기록한 여러 어려움은 피할 수 있는 것이 아니라 어쩔 수 없는 것이었습니다. 그 어려움을 이렇게 하고 저렇게 하면 극복할 수 있다고 말하는 것은 효율적이고 기술주의적인 접근입니다. 아이들의 변화를 위해 일하는 교사들은 어떤 형태건 어려움과 고투를 피할 수 없습니다.

고군분투의 온라인 수업 과정을 거쳐 등교 개학 이후 맞이한 대면 수업은 온라인 수업에서 시도한 여러 활동을 정리하여 책으로 내는 과정이었습니다. 그것은 학생들에게 눈에 보이지 않지만 함께 참여해서 애쓴 시간과 흩어져 있던 소중한 것들이 눈에 보이는 실체로 완성되는 과정이었을 것입니다. 그동안 온라인 수업에서 수고하고 노력한 것들을 대면 수업에서 담아내고 질서를 부여하는 기회가 된 것이니, 온라인 수업과 대면 수업이 서로 유기적으로 어우러지는 구조라 할까요. 한편으로는 온라인 수업과 대면 수업이 이렇게 호응할 수 있다는 사실이 놀랍습니다.

선생님은 온라인 수업을 이끌 때 교사 실재감 개념의 BEING 원리 중 '수업의 흐름 이끌기'와 '피드백으로 다가가기'를 주로 사용했습니다. 조은주 선생님처럼 이 두 요소를 통해 관계 맺기와 교사 존재감 나타내기를 경험하기도 했습니다. 수업의 흐름 이끌기와 관련해, 선생님은 대면 수업과 달리 온라인 수업에서는 학생들이 서로 동기 부여를 하거나 정보를 주고받는 활동을 더 소극적으로 할 수밖에 없다는 것을 알았습니다. 그래서 학생들에게 더 자주 동기를 부여하고, 수업이 방향을 잃지 않게끔 전체 프로젝트의 진행에서 이번 차시가 차지하는 위치를 구체적으로 언급하고 알려 주는 작업을 마다하지 않았습니다. 학생들의 과제 제출 빈도나 수업 참여율이 떨어질 때는 학생들이 어떤 점을 어려워하는지 면밀히 관찰하여 다시 안내하기도 했지요. 특히 아이들의 집중력이 흩어지거나 수업 참여 의지가 떨어질 때마다 선생님이 북돋워 주려 한 '학업 의지'는 눈여겨봐야 할 개념입니다. 이 개념은 교사 학생 상호 간 실재감이 살아 있는 수업을 위해 필요하니까요.

심효은 선생님의 온라인 수업은 졸업을 앞둔 특성화고교 학생들의 디자인 전공 수업이었기에 가능한 측면도 있을 것입니다. 그러나 온라인 프로젝트 수업이 인문계 고등학교 학생들에게도 부분적으로 실시되는 만큼, 선생님의 사례를 적용해 시도해볼 만한 것은 얼마든지 있습니다. 무엇보다 심효은 선생님의 온라인 수업 분투기를 통해 우리는 교사가 온라인이든 대면이든 상관없이 수업을 설계할 때 결코 잊지 말아야 할 가장 중요한 가치와 목적이 무엇인지를 생각하게 됩니다. 나는 어디에 와 있으며 어떻게 앞으로 나아갈 것인가, 교사로 살아가는 힘은 어디에 있는가, 이런 묵직한 질문을 던지는 뜨거운 사례였습니다.

1. 심효은 선생님의 사례는 교사가 수업을 설계할 때 누구를 위해 존재해야 하는지와 관련해 깊은 자극과 도전을 줍니다. 프로젝트 수업을 온라인 수업에서 시도한다는 무모한 접근도 그런 존재감과 목적의식이 있었기에 가능했을 겁니다. 오늘날 우리 교사들이 수업을 설계할 때 마땅히 품어야 할 동기와 관심에 대해서 서로 이야기해 봅시다.

2. 일반적으로 프로젝트 수업은 활동 중심 수업 중에서도 난이도가 가장 높습니다. 온라인에서는 말할 것도 없고 오프라인에서조차 시도하기 부담스러운 과제이지요. 특성화 고등학교의 사례이지만 온라인 수업에서 프로젝트 수업을 시도할 경우 심효은 선생님의 사례가 주는 시사점과 적용점은 무엇일까요?

3. 앞서 소개한 심효은 선생님과 조은주 선생님은 교사 실재감 개념의 BEING 원리 중 '수업의 흐름 이끌기(Taking INitiative!)'와 '피드백으로 다가가기(Giving feedback!)'를 주로 활용했습니다. 이 두 가지 원리가 BEING의 나머지 두 원리(연결되는 관계 맺기, 교사 존재감 나타내기)와 어떻게 이어졌습니까? 그것이 실제 수업에 주는 시사점은 무엇일까요?

4. 온라인 수업에서 진행한 활동과 대면 수업 활동을 유기적으로 연결하는 것은 간단한 일이 아닙니다. 심효은 선생님은 이 두 가지를 의미 있게 연결해서 각각의 영역 효과를 극대화했습니다. 각자의 경우에 온라인 수업과 대면 수업을 블렌딩하는 과제와 관련해서 위의 사례가 주는 시사점은 무엇입니까?

3부

온라인 수업 Q & A

1

교사가
궁금해 하는
온라인 수업 Q&A

1. 지금은 온라인 수업과 등교 수업을 병행하고 있지만, 코로나19 상황이 끝나면 예전처럼 등교 수업으로 돌아갈 텐데, 굳이 온라인 수업에 적응하려고 애쓸 필요가 있을까요?

그런 날이 어서 와야겠지요. 그러나 많은 질병 전문가들은 이 사태가 쉽게 끝나지 않을 거라고 이야기합니다. 이런 상황이 이어진다면 우리는 온라인 매체를 활용한 수업을 계속할 수밖에 없습니다. 또 이 상황이 끝난다고 하더라도, 이미 학교가 온라인 매체를 활용한 수업에 익숙해졌기 때문에 온라인을 예전보다 더 적극적으로 수업에 활용할 가능성이 높습니다. 우리가 수업 자료를 선택할 때 예전에는 텍스트 위주의 자료를 많이 썼지만, 최근에는 영상 자료를 사용하는 것이 훨씬 더 자연스러워진 것처럼 말이지요. 그래서 특별한 형태의 수업에서만 온라인 매체를 사용하는 것이 아니라 일상적인 수업에서도 온라인과 대면을 모두 활용하는 형태가 보편화할 가능성이 높습니다.

그러나 코로나19 사태를 겪으면서 알게 된 것처럼 기술 발전이나 변화가 수업의 질을 보장해 주지는 않습니다. 수업에서 중요한 것은 결국 수업을 계획하고 설계하고 이끄는 선생님 자신입니다. 따라서 지금과 같은 변화가 혼란스러울 테지만 '온라인 수업에 적응해야 한다'는 부담을 느끼기보다는 '온라인 형태도 내 수업에 활용해야겠다'는 마음, 그러니까 선생님의 수업 의도를 뒷받침해 주는 다양한 수업 방식의 하나로 생각하면 좋겠습니다.

2. 온라인 수업에서는 학생들을 지도하기가 너무 힘듭니다. 공지 사항을 온라인 게시판에 올려도 온라인 강의실에 들어오지 않는 학생들에게는 소용이 없으니까요. 전화나 문자 메시지, 카톡 등으로 연락을 시도해 보지만, 이마저도 불가능한 경우가 많고요. 수업에 집중할 시간도 부족한데 이런 업무를 하다 보면 더 지치곤 합니다.

이 점이 제일 답답하시리라 생각합니다. 염려도 되시고요. 대면 수업에서는 최소한 얼굴은 보면서 이야기할 수 있는데, 온라인 수업에서는 학생들과 아예 연락이 두절되는 경우가 많으니까요. 작년에 학생 얼굴이라도 본 경우라면 좀 낫지만, 올해 처음 입학한 학생들은 더욱 낯설게만 느껴지는 탓에 이런 어려움이 더 크시리라 생각합니다. 청소년기에 접어든 학생들이라면 부모님의 도움을 받는 것에도 한계가 있을 것입니다. 실제로 온라인 수업에 아예 나타나지 않는 학생들 중에서 학업 결손이 현저한 경우가 발생하기도 합니다. 이런저런 상황을 생각해 보면 연락이 닿지 않는 아이들에 대해 초조한 마음이 들 수밖에 없습니다.

그러나 나타나지 않는 학생들 중 많은 경우는 의외로 어떤 특별한 의도가 있어서 온라인 수업에 나타나지 않거나 연락이 되지 않는 것이 아닙니다. 그저 온라인의 익명성 뒤에 숨고 싶어 하거나, 청소년기의 특성 중 하나인 자기중심적 사고의 영향 때문에 이런 행동을 보이는 경우도 있습니다.

그런 학생들의 경우에는 공지 사항 전달도 중요하지만 먼저 선생님이 누구인지, 학생에게 어떤 관심이 있는지 등을 가능한 모든 전달 수단을 통해 알려서 지속적인 관계 형성을 시도하는 것이 좋습니다. 선생님을 온라인 너머에 있는 어떤 사람으로 인식하는 것이 아니라 나를 잘 알고 더 만나서 소통할 수 있는 존재로 인식하게 할 필요가 있지요. 학생의 온라인 수업 참여를 독려하고 공지에 더 잘 반응하는 것을 목적으로 하더라도 작전의 방향을 달리해 볼 필요가 있습니다. "수업이 온라인으로 진행되고 공지가 온라인으로 나가더라도 선생님은 온라인 속 존재가 아니다." 이렇게 인식하도록 말입니다.

3. 온라인 수업 콘텐츠를 만들 때는 함께할 수 있는 활동이 제한적인 데다 설명 시간도 짧아서 학생들이 잘 이해하도록 가르치기보다는 단순히 지식을 전달하는 수업이 되어서 걱정이에요.

온라인에서 수업 콘텐츠를 만들 때는 시간의 제약이 있고 학생들과 직접 상호 작용을 할 수가 없기 때문에 말씀하신 것처럼 아무래도 지식을 전달하는 형태가 되기 쉽습니다. 반드시 전달해야 하는 내용이 정해져 있거나 분량이 많은 경우에는 그렇게 될 가능성이 더 높지요. 그러나 강의식으로 전달하는 것 자체가 좋지 않거나 지양해야 할 수업의 형태는 아닙니다. 그보다는 강의식으로 하더라도 꼭 가르쳐야 할 내용을 놓치지 않는 것이 중요합니다.

온라인 수업 콘텐츠를 만드는 작업은 수업 내용을 온라인 매체에 올리는 공적이고 긴장된 상황에서 진행되기 때문에 수업 내용을 등교 수업 때보다 더 많이 준비하게 됩니다. 내용에 대한 집중도나 수업에 대한 긴장도도 등교 수업보다 훨씬 높아진다고 볼 수 있지요. 그런데 수업을 듣는 학생들은 좀 다릅니다. 선생님과 달리 학생들은 등교 수업 때보다 긴장도가 떨어지고, 일상의 다른 활동과 분리되지 못한 채로 온라인 수업에 임하게 되니까요.

학생들의 이런 상황을 고려한다면, 온라인 수업 콘텐츠를 만들 때 도입부에는 오늘 배울 내용이 왜 필요한지를 설명하고 동기를 부여할 수 있는 내용을 더 많이 넣어야 합니다. 등교 수업에서는 학생들이 학교에 있다는 자체가 수업을 들어야 할 이유를 절반 이상 만들어 주지만, 온라인 수업에서는 그렇지 않기 때문입니다. 그래서 시간에 쫓기더라도 오히려 도입부에서 더 구체적으로 동기를 부여해 줄 필요가 있습니다. 대면 수업에서는 이를 굳이 선생님이 다시 하지 않아도 기억하는 학생들이 있으니 서로 가르쳐줄 수 있습니다. 그러나 온라인 수업에서는 그렇지 않습니다.

물론 온라인 수업 콘텐츠를 만들 때 동기 부여 차원으로 이런 도입 내용을 만든다는 것이 자연스럽지는 않습니다. 쑥스럽기도 하고 누가 보고 있다는 생각이 들면 긴장할 수 있기 때문에 본론으로 곧장 들어가 교과 내용으로 승부를 걸고자 하는 마음이 생기기 쉽습니다. 그러나 학생들에게는 일상생활에서 수업으로 전환해 줄 뭔가가 필요합니다. 바로 이 맥락에서 선생님의 역할이 요구되는 것이지요. 이런 점을 고려하여 학생들이 어떤 상황에서 수업을 듣는지 관심을 기울이는 이야기를 하거나, 이 수업을 하려는 선생님의 마음은 어떤지 등 조금 개인적이지만 수업의 필요성에 관한 내용을 수업 콘텐츠에 포함하면 좋겠습니다.

　　또한 온라인 수업에서는 학생들의 집중도가 더 떨어진다는 점에 유의하셔야 합니다. 등교 수업에서는 한 가지 주제를 한 시간짜리 수업에서 다루거나 몇 주에 걸쳐 다루는 것이 가능합니다. 그러나 온라인 수업에서는 더 짧은 단위, 즉 최대 10분을 넘지 않는 시간 안에서 한 가지 주제를 다루고 새로운 주제로 넘어가는 등의 변화를 주어야 합니다. 즉 새로운 교과 내용을 넣기보다는 같은 교과 내용을 다루더라도 주제를 세분화하여 적어도 10분마다 새로운 주제를 다루듯 학생들의 주의를 환기시키자는 것입니다. 집중 시간이 짧은 온라인 수업의 특성상 그렇게 해야 학생들이 제대로 집중할 수 있습니다.

4. 학생들이 온라인 수업에는 더 수동적으로 참여하는 것 같아요. 해야만 하기 때문에 억지로 하는 수업이 아니라 좀 더 능동적으로 참여하는 수업을 만들 수 없을까요?

여러 어려운 상황에서도 학생들이 수업에 좀 더 적극적으로 참여할 수 있는 방법을 찾고자 하는 선생님의 태도는 훌륭합니다. 문제 해결을 위한 특별한 노력을 하지 않는다면, 아마 학생들은 온라인이라는 익명의 공간에서 수동적으로만 참여할 것이고 그것을 당연시할 것입니다. 그러나 온라인 수업 그리고 마스크를 쓰고 참여하는 대면 수업에서 학생들의 능동적인 참여를 이끌어 내기는 힘듭니다. 아마 평소보다 몇 배 더 노력해야 할 것입니다. 선생님이 학생들과 함께하는 것, 학생들이 자신의 이야기를 하면서 참여하는 것이 배움과 직결될 수 있다는 선생님의 교육 철학과 신념이 없다면 쉽게 포기하게 될 것입니다.

온라인 공간에서 학생들의 수동적 참여를 능동적 참여로 바꾸는 데 가장 먼저 필요한 것은 관계 형성입니다. 물론 등교 수업을 병행하고 있기 때문에 수업이 온라인으로만 진행될 때보다 상황이 훨씬 나아지기는 했습니다. 그러나 코로나19 예방을 위한 수칙을 준수해야 하기 때문에 학교에 와도 관계를 만들거나 대화할 수 있는 분위기가 아니지요. 오히려 서로 대화하지 않도록 지도하거나 협력 수업을 자제해야 하는 분위기입니다. 그래서 학생들이 서로 이름을 알고 생각을 알고 협력하는 것을 의도적으로 계획하지 않으면 등교 수업이나 온라인 수업에서 익명성을 벗어나기 어려우며, 그것은 수동적인 수업 태도로 이어질 것입니다.

이런 문제를 해결하기 위해 온라인에서 할 수 있는 가장 좋은 전략은 피드백입니다. 피드백은 등교 수업보다 오히려 온라인 수업에서 개별적인 접근과 관계를 형성하는 데 좋은 방법이 될 것입니다. 물론 피드백이 자칫 내용의 확인, 출결 체크 등 제한적으로 사용될 수도 있습니다. 그러나 이 정도에서 멈추지 않고 피드백을 통해 학생들의 현재 상태를 파악하고 교사의 관심과 구체적인 반응을 보여주면, 비록 제한된 상황이지만 학생들은 선생님이 함께 있다는 것을 경험하고 그에 대해 반응할 수 있습니다.

또한 학생과 학생 사이에서도 상호 작용이 일어날 수 있도록 수업을 설계해야 합니다. 예를 들면 '패들렛' 같은 도구를 사용해 서로 과제에 대한 피드백을 하게 할 수도 있고, '줌'이나 채팅방을 활용할 수도 있습니다. 그러나 여기서 간과하지 말아야 할 점은, 학생과 학생끼리도 서로 어떻게 이야기 나누고 협력해야 하는지 배울 수 있는 시간이 부족했다는 사실입니다. 이전에 학생들이 그런 연습을 했다 하더라도 온라인 수업과 코로나19 상황에서의 등교 수업은 친구들 사이의 대화를 어색하게 만들어 버렸습니다. 그래서 학생들끼리 서로 대화할 수 있게 하려면 어떤 내용으로 어떻게 대화를 이어 가야 할지 이전보다 더 세심한 가이드라인과 지도가 필요합니다. 말하는 것도 연습이 필요한 일이기 때문입니다.

마지막으로, 온라인 수업과 등교 수업 간의 연결 고리를 많이 만들어 보십시오. 온라인 수업도 수업 시간임을 아이들에게 인식하게 해야 합니다. 또한 온라인에서 하는 공부도 중요하며 시험이나 과제와 무관하지 않다는 점을 깨닫게 하고요. 수업 내용에서도 온라인 수업과 등교 수업이 연결된다는 것을 경험하게 해야 합니다. 그러면 온라인 수업 때 학생들이 보이는 소극적인 태도나 참여는 한결 개선될 수 있겠지요.

5. 온라인 수업을 통해 열심히 공부한 학생과 그러지 않은 학생 사이의 차이가 너무 커요. 시간이 갈수록 이런 학력 격차가 점점 커

질 것 같아 걱정입니다.

맞습니다. 이 시기에 가장 걱정되는 학생들은 수업을 잘 따라오지 못하는 아이들입니다. 이에 대해서는 제도적인 보완 장치가 필요합니다. 예를 들면 성취 기준을 선별해서 교육 과정을 축소하기, 학생들의 수준에 맞게 학업을 지원할 수 있는 학교 지원 시스템 갖추기, 학교나 학급의 특성에 맞게 등교 간격 재조정하기 등 정부와 교육청은 학력 격차가 장기화하지 않도록 대책을 세워야 합니다.

동시에 선생님들도 수업에서 할 수 있는 다양한 방안을 모색해야겠지요.

첫째, 학생들에게 내 주는 과제를 되도록이면 수준별로 세분화하여 낮은 수준부터 순차적으로 제시해 보십시오. 과제를 단계적으로 해결하면서 학력 수준의 격차를 해소할 수 있는 기회가 생길 것입니다.

둘째, 과제에 대한 피드백이 즉각적일수록 효과가 극대화합니다. 그러므로 플랫폼이나 LMS 등에서 과제에 대한 피드백이 바로바로 이루어질 수 있다면 그와 같은 기술적 지원도 적극 활용해 보십시오. 학생들이 피드백을 받고 자신의 과제를 수정할 수 있는 기회를 주는 것도 중요합니다. 학기 말 시험 같은 최종적인 평가보다는 과정 평가를 적극 활용하면 좋겠습니다.

셋째, 이와 같은 평가 결과를 관련 영상이나 자료 링크를 걸어 주는 과정 등 수업 콘텐츠를 제작하는 과정에 반영하면 좋습니다. 수업 콘텐츠를 직접 제작하는 경우라면 학생들의 상태를 반영하여 부족한 부분에 대해 복습 영상을 만들어 주거나 더 쉬운 설명 방식으로 수업을 만들고, 외부 영상을 활용하는 경우라면 다양한 참고 자료를 같이 제시해 주는 것입니다.

6. 온라인 수업의 장점 중 하나는 한 명씩 피드백을 해 줄 수 있다는 점 같아요. 그런데 모든 학생들에게 일일이 피드백을 하다 보면 시간이 너무 많이 걸려요. 꾸준히 할 수 있는 피드백 방법을 알고 싶어요.

온라인 수업의 장점은 피드백 장치가 잘 마련되어 있다는 점입니다. 그런데 이게 자칫 단점이 되기도 합니다. 현재 구조에서는 모든 과제마다 1:1 피드백을 할 경우 선생님들이 쉽게 지치고 힘들어질 수 있습니다. 모든 학생들에게 피드백을 해 주지 못할 경우에는 개인 피드백을 포기할 것이 아니라, 선생님만의 원칙(과제를 충실하게 한 경우, 매우 창의적인 의견을 낸 경우, 일정 정도 이상의 분량을 작성한 경우 등)을 정해서 몇몇 학생들에게 개별적인 피드백을 해도 좋습니다. 선생님의 피드백을 받는 것이 보상이라고 인식하게 함으로써 모든 학생들이 과제에 집중할 수 있도록 말이지요. 물론 전체적으로는 학생들이 골고루 개인 피드백을 받을 수 있도록 배려해서 소외감을 느끼지 않게 하는 섬세함이 필요합니다.

또한 1:1 피드백이 필요한 과제와 전체 학생들이 도달한 정도를 보면서 그룹을 나누어 피드백을 해 주는 것도 한 가지 방법입니다. 학생들은 잘 못하거나 실수하는 부분이 비슷한 경우가 많기 때문에 그룹을 만들어서 피드백을 할 수도 있지요.

이렇게 글을 통한 방법 외에도 쌍방향 형태의 수업을 통해 피드백을 해 줄 수도 있습니다. 전체 학급이나 학년을 대상으로는 좀 어렵지만 정해진 시간에 모둠별로 과제를 수행하게 하고 모르는 부분에 대해서는 또 모둠별로 교사가 피드백을 할 수 있다면 글로는 하기 어려웠던 즉각적인 피드백이 가능할 것입니다.

이 과정에서 학생들도 서로서로 피드백을 할 수 있겠지요. 서먹한 관계에서 바로 피드백을 하기는 어렵기 때문에, 처음에는 어떤 말이나 방법으로 피드백을 할지 연습할 필요가 있습니다. 웬만큼 연습이 되면 학생들끼리도 피드백을 할 수 있게 되며, 결과적으로는 선생님 혼자서 모든 피드백을 해야 한다는 부담도 덜 수 있습니다.

7. 쌍방향 수업을 할 때 학생들이 화면을 켜고 있으면 좋겠는데, 좋은 방법이 없을까요?

온라인에서 쌍방향 수업을 하는 이유는 학생들의 모습을 직접 보고 만나기 위해서인데, 학생들이 화면을 끄고 있으면 효과를 얻기가 어렵겠지요. 그렇지만 학생들이 화면을 켜고 참여하게 하기가 사실 쉽지 않습니다. 집에 있다가 온라인 수업으로 들어가야 하는데, 정돈되지 않은 자기 모습을 다른 사람에게 보여 주기 싫거나 수업할 준비가 안 된 산만한 상태를 들키기 싫은 것이 주된 이유일 것입니다. 또한 온라인 수업 초기에 얼굴 사진을 캡처해서 좋지 않은 의도로 사용하는 등 불미스러운 일들도 있었습니다.

이런 상황이 계속되다 보니 어느덧 학생들은 온라인 수업이나 등교 수업에서 서로 이야기하는 방법을 잊어버린 것처럼 보입니다. 화면을 켜게 하는 것이 잘 안 된다는 것은 이런 사실을 단적으로 보여 줍니다.

그러니 얼굴을 보이는 문제로 씨름하기보다는 서로 충분히 소통할 수 있는 분위기를 만들고, 우선 온라인 수업과 등교 수업이 안전한 공간으로 인식되게끔 먼저 힘쓰는 것이 좋겠습니다. 그래서 얼굴을 보이며 이야

온라인 수업, 교사 실재감이 답이다

기하는 것보다는 안전한 채팅 형식의 참여를 먼저 경험하게 합니다. 얼굴을 보이지 않고 안전한 상태에서 이야기를 주고받고 협력하는 것을 연습할 수 있으니까요. 채팅이나 문자 소통은 어른들이 생각하는 것 이상으로 아이들에게 매우 익숙한 방식이기 때문에 화상으로 대화하기 전에 이 단계부터 밟는 것이 좋습니다. 화상 대화를 하더라도 처음부터 화면으로 얼굴 마주하는 시간을 길게 하기보다, 조회나 종례 같은 시간에 일정한 주제를 가지고 짧은 시간 동안 얼굴을 보여 주는 것부터 시작한 뒤에 시간을 점점 늘려 가도 좋겠지요.

또한 대면 수업 때 학급이나 모둠의 유대감을 증진할 기회를 자주 주는 것도 필요합니다. 친근함을 느끼면 온라인 공간에서 자신을 공개하는 일이 더 쉬워질 테니까요. 채팅이나 화상으로 대화하는 것과 수업에서의 대화는 방식이 다르기 때문에 생소할 수 있습니다. 따라서 학생들이 서로 어떤 질문을 할 수 있는지, 서로의 말에 어떻게 피드백을 하고 반응해야 하는지 등에 대해서는 미리 연습 기회를 주어야 합니다.

8. 온라인으로 진행하는 과제형 수업의 경우, 과제가 너무 쉬우면 학생들이 수업을 듣지 않고도 할 수 있을 것 같고, 반면에 너무 어려우면 잘 못하는 학생들이 포기할 것 같아서 수준 맞추기가 힘듭니다.

네, 그렇습니다. 대면 수업에서는 학생들이 과제를 어떻게 이해하는지를 바로 확인할 수 있습니다. 그래서 이해하기 어려워하면 더 쉽게 설명하고 예시를 들거나 학생들끼리 서로 설명해 줄 수도 있습니다. 그런데 온라인 수업에서는 학생들의 이해도를 확인하기 어려워서 과제의 난이도 조정이 훨씬 어렵게 느껴지실 겁니다.

이렇게 해 보시면 어떨까요? 우선 과제를 쉬운 수준부터 제시하고 어느 정도 따라오는지 살피면서 점차 난이도를 조정해 보세요. 과제 수행과 제출을 독려할 때 중요한 한 가지는 과제 평가가 상대 평가인가 절대 평가인가입니다. 학습이나 수행에 대한 효능이 낮은 학생일수록 상대 평가 수업은 좋지 않은 결과가 예상되기 때문에 과제를 아예 회피할 가능성이 높습니다. 과제의 난이도를 조정하더라도 과제에 대한 평가와 피드백이 경쟁적이 되지 않도록 분위기를 조성해야 것이 학생들의 포기를 줄일 수 있을 것입니다.

또 하나 유념할 것은, 학생들이 과제 해석을 의외로 어려워한다는 점입니다. 수업 시간에 충분히 설명했는데도 과제 의미를 저마다 다른 방식으로 이해하는 경우가 허다합니다. 그러므로 수업 시간에 배운 내용과 과제가 어떻게 관련되는지를 구체적으로 설명해 주어야 합니다. 수업 콘텐츠를 제작한 이후라도 학생들이 과제를 이해한 수준이 제각각 다르다는 것을 발견했다면 과제 설명을 위한 짧은 영상을 추가로 제작해 올리거나 짧은 시간이라도 쌍방향 소통을 하는 편이 좋습니다.

온라인으로 설명한 과제라도 등교 수업을 할 때 다시 연결해 주거나, 등교 수업을 하면서 온라인으로 제시될 과제를 미리 설명해 주는 것도 좋습니다. 온라인 수업보다는 등교 수업에서 과제를 설명하는 것이 과제에 대한 이해를 높이는 데 더 좋습니다. 또한 등교 수업과 온라인 수업이 연결된다는 점을 깨달으면 두 형태의 수업에 대한 집중도가 올라갈 것입니다.

9. 블렌디드 수업이 진행되면서 온라인과 교실 수업 중 어디에 초점을 두고 수업을 해야 할지 모르겠어요.

올해는 사상 초유의 온라인 개학을 했고 등교 개학도 지금과 같은 형태가 되리라 예상할 수 없었기 때문에, 학교는 별다른 계획을 세우기가 어려운 반강제적인 블렌디드 수업을 하고 있습니다. 그래서 더욱 혼란스럽고, 상황이 나빠질 경우를 대비해서 학사 행정 업무에 우선순위를 두어야 하는 경우도 많습니다.

그런데 이와 같은 형태의 수업이 계속된다면 더욱 체계적으로 대처할 필요가 있습니다. 온라인 수업과 대면 수업은 서로 연계되어 이루어지고 통합된 목표가 있을 때 시너지 효과가 가장 크기 때문입니다.

일반적으로 블렌디드 수업은 온라인 수업과 대면 수업을 연계합니다만, 그 형태는 다양합니다. 온라인 수업에서는 이론을 다루고 대면 수업에서는 이를 확인하고 자기 것으로 만드는 활동이나 확인 학습을 하는 형태도 있습니다. 프로젝트를 수행할 때 온라인 수업에서 그 취지와 목적을 미리 설명하고 준비시킨 다음 대면 수업에서는 시행을 하고, 다시 온라인 수업 때 과제 제출과 피드백을 하기도 하지요. 이렇게 수업의 목적과 과제의 특성 등에 따라 여러 가지 형태가 가능합니다. 그러니까 온라인 수업에서 무엇을 하고 대면 수업에서 무엇을 할지는 수업 내용의 특성이나 활동, 선생님의 판단에 따라 얼마든지 달라질 수 있다는 뜻입니다.

　물론 가장 중요한 점은 온라인 수업과 대면 수업이 서로 연결되어 있다는 사실을 학생들이 느끼게 하는 것입니다. 온라인 수업에서 다루는 내용이 꼭 필요하고 알아야 하는 것이라는 점을 대면 수업을 통해 깨닫게 해야 합니다. 또는 대면 수업에서 선생님의 설명을 듣고 친구들과 활동했더니 이후 온라인 수업의 내용을 이해하는 데 도움이 됐다고 생각하며 연결 지점을 구체적으로 알게 되는 것도 중요하지요.

10. 학생과 만나고 있다는 느낌이 들지를 않아요. 온라인 개학에 이어 등교 개학을 한 지도 꽤 됐는데, 아직도 학생들을 제대로 파악하기 힘들고 관계가 서먹서먹해요.

학기 초에는 관계를 만들고 서로 알아 가는 데 필요한 활동을 많이 하지요. 그런데 곧바로 온라인 수업을 시작한 탓에 그런 기회를 많이 놓친 것이 사실입니다. 등교를 해서도 방역에 신경 쓰다 보니 역시 쉽지 않은 상황입니다. 진도와 평가라는 압박감은 관계를 만드는 시간을 허용하지 않고, 자꾸 학사 행정 업무에 집중하게 합니다. 그래서 올해 수업은 그냥 이렇게 서먹한 상태에서 끝내야 할지도 모른다는 비관적인 전망을 내놓는 분들도 있습니다.

그렇지만 이런 때일수록 수업에서의 우선순위를 다

온라인 수업, 교사 실재감이 답이다

시 정할 필요가 있습니다. 학생들이 쉽게 입을 열지 못하고 서먹해하는 분위기이기 때문에 선생님이 먼저 자신을 여느 때보다 많이 개방하셔야 합니다. 학생들끼리 아직 연결되지 못했기 때문에 먼저 선생님을 중심으로 관계가 형성될 수밖에 없습니다. 그러니 선생님이 어떤 분인지, 어떤 마음으로 현재 상황에 임하는지, 수업에서 기대하는 것은 무엇인지 기회가 될 때마다 학생들에게 알려 줘야 합니다. 학생들은 선생님의 자기 개방을 통해 자신도 개방할 수 있는 용기를 얻을 것입니다.

또한 학생들이 서로를 알게 되기 전에 개인적인 측면에서 자신을 개방하고 알릴 수 있는 다양한 기회를 줄 필요가 있습니다. 만일 직접적인 상호 작용에 제약이 따른다면 교실에서도 온라인 매체를 활용하는 방법을 시도할 수 있습니다. 예를 들면 '패들렛'은 간단한 접속을 통해 자신의 의견과 피드백을 공유할 수 있는데, 수업 시간에 이와 같은 공유의 경험을 연습해 봄으로써 온라인 수업으로 전환됐을 때도 의견을 공유하는 일이 친숙하게 느껴질 수 있습니다.

학급이나 수업에서 친밀한 관계를 형성하는 것은 수업의 내용과 진도 이전에 우선순위를 두어야 할 일입니다. 그러나 그 기준을 예년 수준으로 높이려 한다면 좌절할 수밖에 없을 것입니다. 지금은 서로를 알아 가고 관계를 형성하는 데 매우 열악한 조건이기 때문입니다. 그렇지만 우리에게 선택의 여지가 조금이라도 주어진다면, 관계 형성을 위한 시도를 최우선으로 고려해야 합니다. 교과 진도나 학교 업무 등에 들어가는 시간을 일부 떼어서라도 말입니다.

11. 온라인 수업을 병행하면서 동료 교사와 수업에 대해 협의해야 할 점이 더 많아졌어요. 동료 교사와 마음을 맞춰 수업하기가 너무 힘들어요.

같은 과목의 영역을 구분하여 콘텐츠를 제작하거나 쌍방향 수업의 비중을 결정할 때는 같은 교과 선생님들과 합의해야 하는 경우가 많습니다. 그러나 선호하는 수업의 형태나 플랫폼이 저마다 다르기 때문에 의견을 조율하기가 쉽지 않아서 종종 갈등을 빚을 때가 있습니다. 온라인 수업을 하는 것도 스트레스인데 동료 교사와 마음이 맞지 않는 상태가 이어지면 더 큰 스트레스를 받게 됩니다. 동료 교사와 충분히 의논할 시간도 없이 급박한 상황이 됐기 때문에 갈등이 생길 여지가 더욱 많습니다.

만약 갈등의 원인이 효율성 때문이라면 시간이 흐르면서 해소될 수도 있습니다. 시간이 어느 정도 지나면 기술적인 측면이 보완될 것이기 때문에 선택의 폭도 자연스레 넓어질 테니까요. 그런데 시간이 흘러도 갈등이 해소되지 않는 경우가 종종 있습니다. 바로 수업 철학과 방향이 다를 때입니다. 표면적으로는 수업 방식이나 플랫폼 등의 선호도 차이로 보이지만, 근본적으로는 선생님마다 수업에서 중요하게 생각하는 관점의 차이가 깔려 있습니다.

이런 차이는 어찌 보면 당연합니다. 또 지금까지는

각자 수업을 해 왔기 때문에 교실 수업에서 가르치는 방식 자체는 큰 문제가 되지 않았습니다. 그러다가 온라인 수업을 위해서 서로 의견을 조율해야 할 점이 많아지고 수업 상황이 외부에 그대로 노출되면서 차이가 더 드러나게 된 것입니다.

어렵고 예민한 문제입니다. 하지만 그럴수록 학교 안에서 교사들끼리 수업 철학과 방향을 구체적으로 자주 논의해야 합니다. 협의회를 수업에 대한 더욱 심도 깊은 대화의 장으로 만들어보는 것은 어떨까요? 테크닉의 구현이 절대 대신할 수 없는 것이 바로 교육 철학의 구현이니까요. 실용성과 효율성의 함정에 빠지지 않기 위해 '배움이란 무엇인가'를 논의하고, 이를 위해 '수업의 중요한 원리는 무엇인가'를 허심탄회하게 논의할 수 있는 자리를 더 자주 마련해야 합니다. 그러지 않으면 가장 양보하기 어렵고 중요한 주제를 수업 방법이나 기술, 플랫폼 선택 등과 같은 기호나 선호의 문제로 덮어 버릴 수 있습니다. 물론 어렵고 예민한 문제입니다만, 그렇다고 숨기거나 없다고 말하며 관성에

맡겨서도 안 됩니다. 그런 태도는 아무에게도 도움이
되지 않습니다.

12. 온라인 수업을 할 때, 학부모가 보고 있다는 부담감에 더 위축
되고 실수하는 것 같아요. EBS 강의를 비롯한 멋진 인터넷 강의
가 너무 많아서 비교될 것 같다는 생각도 듭니다.

  누가 내 수업을 본다는 것은 당연히 부담스러운 일
입니다. 그러나 동시에 그 시선을 의식하는 것은 내가
발전할 수 있는 길이기도 합니다. 어찌 보면 자기 수업
에 자신감이 생길수록 그만큼 내 수업을 누가 지켜보
고 평가해 주기를 바라는 심리가 생길 수 있으니까요.
그런 의미에서 학생들 아닌 다른 누가 내 수업을 보고
반응한다는 것이 불편하기만 한 일은 아닙니다.
  학생들에게 맞는 수업에 집중하는 선생님이라면 학
부모들의 시선을 크게 신경 쓸 필요가 없습니다. 아이
들에게 유익하면 부모에게는 그것이 최고의 수업입니

다. 아이들의 시선 속에 부모의 시선이 이미 담겨 있기 때문입니다. 아이들이 좋아하는데 부모가 싫어하는 수업은 존재하지 않습니다. 아이들이 깔깔대고 좋아하면 부모도 "너는 그 수업이 왜 좋니?"라고 궁금해 하며 호감을 품게 될 것입니다.

그러니 오직 아이들에게 집중하십시오. 괜히 학부모들을 의식해서 수업을 준비하면 학생들의 관심을 놓치게 됩니다. 말투가 경직되고 공식적인 느낌이 들 수도 있으며, 어느 누구도 내 수업을 문제 삼지 않아야 한다는 생각 때문에 선생님만의 개성 있는 표현 방식을 드러내기 힘들 수 있습니다. 온라인 수업도 선생님이 학생을 만나는 소중한 교육의 장면입니다. 선생님이 학생들에게 기대하는 것, 학생들이 알았으면 하는 것, 학생들에 대한 관심 등과 같이 학생들을 향한 선생님의 사랑과 애정을 고스란히 표현하세요. 그 수업이 바로 최고의 수업입니다.

학생들에게 지금 필요한 것은 잘 만들어진 책이나 강의가 아닙니다. 선생님과의 만남을 통해 학생들 속에서 배움이 일어나야 합니다. 교육은 만남을 통해 이루어집니다. 그러니 온라인 강의에서도 학생들의 이름을 불러 주고, 나를 위한 수업이라는 마음이 들게끔 학생들을 참여시키세요. 그러면 학생들은 그 속에서 선생님과 관계를 맺으며 배워 나갈 것입니다. 아이들을 대하는 선생님의 시선이 담긴 수업이 학부모가 보기에도 가장 최고의 수업이 된다는 것을 기억해 주세요.

2   학부모가 궁금해 하는 온라인 수업 Q&A

1. 저는 그동안 아이가 컴퓨터 사용하는 시간을 제한해 왔어요. 아이도 약속한 시간을 잘 지켜 준 편이었습니다. 그런데 온라인으로 학교 수업을 들으면서 이 모든 원칙이 엉망이 됐어요. 수업을 들을 때 외에도 컴퓨터 앞에 앉아 있는 시간이 많아졌고, 예전처럼 통제하기도 힘들어졌어요. 지금껏 애써 지켜 온 아이의 생활 습관이 이대로 영영 무너질까 봐 걱정입니다.

우선 지금까지의 컴퓨터 사용에 대한 부모님의 가정 교육 방식을 칭찬해 드리고 싶어요. 평소에 컴퓨터 사용 시간을 제한하면서 자녀가 온라인에 과잉 노출되지 않도록 배려하고 아이가 이를 잘 지키게 하셨으니 말입니다. 그런데 온라인 수업이 진행되면서 이렇게 애써 지켜 온 원칙이 무너졌으니 혼란스러우신 게 당연합니다. 무엇보다 부모님이 세운 원칙을 잘 따르던 아이가 그러지 않는 모습을 보면서 인터넷 사용뿐 아니라 생활 습관 자체가 무너지는 것 아닌가 걱정되셨을 거예요.

갑작스럽게 온라인에 무방비로 노출된 지금의 상황은 학부모님의 자녀뿐 아니라 다른 학생들에게도 자기 통제를 몹시 어렵게 만드는 요인으로 작용하고 있습니다. 어떤 이유로든 인터넷 공간에 한번 들어가게 되면 관심을 끄는 매력적인 요소가 많아서 솔직히 어른들도 떨치고 나오기가 쉽지 않습니다. 그러니 그동안 지켜 온 원칙을 아이가 지키지 못하는 것이 자녀의 의지나 부모님 말씀을 존중하지 않는 태도 때문이라고 생각하지는 않으셨으면 해요. 인터넷의 속성상 이런 상황은 언제, 어떤 계기로든 찾아올 수 있으니까요. 오히려 지금 이 순간을 그런 문제를 해결하는 과정으로 바라보셔야 합니다.

우선 이 문제를 해결하는 데 가장 중요한 자세는 먼저 부모님과 자녀가 한편이 되는 것입니다. 이 말은 부모님이 자녀에게 영향력을 끼치는 위치에서 내려와야 한다는 뜻이 아닙니다. 그러기보다는 불가항력적인 인터넷의 유혹에 대해 '공동 전선'을 만드는 대화를 나눠 보라는 뜻입니다. 그래야 영향력이 생깁니다.

여기서 '공동 전선'이나 '자녀와 한편 됨'은 인터넷의 매력을 부모님이 먼저 인정하는 데서 출발합니다. 수업만 듣고 인터넷 접속을 끊고 나오기는 쉽지 않다는 점을 인정해 주는 것으로 대화를 시작하라는 뜻이지요. 그래야 자녀의 삶에 개입할 수 있는 실질적인 대화가 가능합니다. 물론 이와 동시에 지금처럼 생활 습관이 엉망이 되면 학업이나 일상의 다른 측면에 문제가 생길 수 있다는 부모님의 염려도 같이 전할 수 있습니다.

부모님의 의사를 전달할 때는 마음의 전제가 중요

합니다. 자녀가 이런 점을 전혀 걱정하지 않는 철부지가 아니라, 자녀 또한 이런 상황을 걱정하면서도 인터넷을 벗어나기 어려운 상태라는 점을 인정하는 것입니다. "의지만 있으면 얼마든지 할 수 있는데 왜 안 해?"라는 식으로 자녀를 밀쳐낸 전제가 깔리면 대화가 말다툼으로 이어지고 사이만 멀어질 수 있지요.

그러나 아이가 힘든 상황에 놓였다고 인정하면 대화는 다음 단계로 나아갈 수 있습니다. 만약 대화가 더 이어질 수 있다면, 어떻게 해야 인터넷 사용 시간과 규칙을 잘 지킬지 현실적인 방안을 함께 모색할 수 있겠지요. '인터넷으로 수업 이외의 다른 것은 절대 보지 말자!'와 같은 원칙은 지키기가 어렵습니다. 오히려 인터넷 사이트의 검색, 게임 등에 시간을 어느 정도 허용할지를 합의하는 편이 더 낫습니다. 물론 합의하기 이전에 현재 인터넷을 사용하는 시간과 필요한 이유(○○ 사이트는 매일 들어가서 확인하고 싶다 등)를 솔직하게 이야기하면서 말이지요. 그리고 합의가 됐으면 일정한 기간 동안 규칙을 지키게 한 다음 다시 조정하는 방식도 좋습니다. 이때 자녀의 인터넷 접속 시간과 접속 사이트 등을 부모님이 알 수 있는 프로그램을 활용하시고, 부모님이 점검할 수 있다는 사실을 자녀들에게도 알려 주세요. 물론 이것은 감시나 통제 수단이 아니라 인터넷 사용 시간을 스스로 조절하기는 몹시 어렵기 때문에 너를 돕기 위해서라는 사실을 납득시키셔야 합니다. 상급 학년일수록 부모님이 일방적으로 기준을 정하기보다는 아이와 함께 기준을 정하거나 아이가 직접 기준을 정하게끔 돕고, 그 규칙을 잘 지킬 수 있도록 격려하는 대화를 하면 더 좋겠지요.

규칙을 정하고 지키게 하는 것은 쉽지 않은 싸움이며 시간도 꽤 오래 걸립니다. 그러나 우리가 싸워야 할 대상은 '인터넷 중독'이라는 공공의 적이지, 부모와 자녀가 아니라는 점을 기억해야 합니다.

2. 아이가 요즘 과제가 너무 많다고 힘들어해요. 온라인 수업을 들었는지 확인하기 위해 선생님께서 과제를 내시는 건 당연하지만,

혹시라도 아이가 과제를 포기하게 될까 봐 걱정이에요.

네, 그럴 수 있습니다. 그런데 교사들 처지에서는 학생들이 수업을 잘 따라오는지 확인하지 않은 채 일방적으로 온라인 강의를 진행하면 안 됩니다. 학습 결손이 어느 정도인지 바로바로 확인하지 않다가 나중에 한꺼번에 확인할 경우, 이를 만회할 방법이 없기 때문입니다. 그래서 과제를 통해 수시로 확인할 수밖에 없습니다. 이 점은 부모님도 이해하실 것입니다.

사실 부모님이 걱정하시는 이유는 과제 자체가 아니라 과제가 너무 많거나 어려워서 자녀가 지레 공부를 포기하지는 않을까 하는 것이겠지요. 이것은 타당한 걱정입니다. 다만 그 걱정을 해결하는 방법이 중요합니다.

자녀가 과제를 수행하기 힘들다고 하면 그 원인을 구체적으로 살펴봐야 합니다. 우선 간단한 수준부터 이야기해 볼게요. 온라인 수업에서 내는 과제는 온라인 강의를 들었는지 여부를 확인하는 경우가 많습니다. 그러니까 수업 내용에서 반복적으로 등장하는 중요한 개념을 쓰거나 배운 내용을 요약하는 과제가 많습니다. 물론 이런 과제도 너무 많으면 부담이 되겠지요. 이때 과제의 양이나 난이도를 학교 측과 상의하거나 학교 측에 건의할 수 있습니다. 그러나 아이 처지에서는 아주 간단한 과제라도 밀리면 부담이 되기 때문에, 자녀가 과제를 미루지 않고 그때그때 바로 수행하는 습관을 들이도록 도와주어야 합니다.

그러나 아무리 그렇게 도와주려고 해도 아이가 온라인상에서 과제를 수행하는 데 어려움을 겪는 이유는 아주 다양하기 때문에, 그 원인을 자세히 알아보고 원인별로 대처 방식을 달리 해야 합니다.

그중 하나는 과제 해석을 어려워하는 것입니다. 선생님이 온라인 강의를 통해 이 과제가 무엇을 뜻하는지 분명히 설명했겠지만, 아이가 그 점을 놓친 채 문장으로 표현된 과제만 보면 무슨 의미인지 모르거나 이해되지 않는 문구 등이 있을 수 있습니다. 과제에서 궁극적으로 요구하는 것이 어렵지 않은 수준이라 해도 아이는 이럴 때 과제를 바로 해결하지 못하고 밀리게 됩니다. 학교에 등교했다면 선생님이나 친구들에게 바로 물어볼 수 있지만, 온라인 상황에서는 번거롭게 느껴져서 혼자 해결하려다가 시간만 보내는 경우가 종종 있습니다.

그럴 때는 부모님께서 과제가 요구하는 바를 파악해 자녀에게 알려 줄 수 있습니다. 그러나 더 좋은 방법은 온라인 수업에 관한 질문 창구를 활용하는 것입니다. 이는 선생님이나 과목마다 차이가 있는데, 과제에 대한 자세한 해설을 게시판에 올리기도 하고, 학생들의 질문에 대해 게시판에서 글로 답하는 형식으로 운영하기도 합니다. 채팅이나 카톡방을 개설하여 조금 더 질문할 수 있게 하는 수업도 있습니다. 그러니 각 과목별로 선생님의 도움을 청할 수 있는 방법을 자녀가 아는지 확인해 보시기 바랍니다. 아이가 알고 있다면 이것을 적극 활용하도록 격려해야 합니다.

과제와 관련해 학생들이 질문할 때 학교가 이를 처리하는 방식이 종전보다 많이 개선되었습니다. 온라인 수업이 처음 시작됐을 때는 학교가 온라인 수업을 위한 기본 인프라를 갖추는 데 총력을 기울여야 했기 때문에 학생들에 대한 개별 확인이나 지도가 약간 힘들었습니다. 지금은 학교가 온라인 수업 기반을 어느 정도 갖춰서 과제에 대해 질문하기가 처음보다는 쉬워졌을 테니 이를 적극 활용하시기 바랍니다.

과제 수행의 또 다른 어려움은 과제 자체가 어려운 경우입니다. 등교 수업 때는 친구들과 의기투합해서 풀 수 있지만 온라인 수업에서는 자칫 홀로 남겨질 수 있고, 그래서 지루함이나 싫증을 느낀 나머지 과제를 방치할 수 있습니다. 그러더라도 부모님이 과제를 해결해 주거나 줄여 주기보다는 과제의 어려움을 같이 이야기하는 상대가 되어 주세요. "야, 이거 진짜 어렵구나!" 또는 "이거 뭐 하는 거니? 이거 하면서 뭘 느꼈니?" 이런 식으로 과제에 대해 이야기할 수 있는 상대가 되는 것입니다. 아이들에게는 과제 자체의 어려움보다 과제를 하면서 견뎌야 하는 외로움이나 지루함이 더 큰 문제일 수 있기 때문입니다.

온라인 수업, 교사 실재감이 답이다

마지막으로, 자녀가 과제를 어려워하는 이유가 이전 학년의 학습 중 특정한 부분을 제대로 배우지 않아서 생긴 결과일 수도 있습니다. 사실 과제들 중 대다수는 지금 배우는 내용을 확인하는 것이지만, 교과에 따라서는 기초 지식이 없으면 해결할 수 없는 과제도 있기 때문입니다. 그런 경우라면 부족한 부분을 어떻게 보충할 것인가 하는 문제로 들어가야 합니다. 그러나 부족한 부분을 보충하는 문제는 온라인 수업에만 국한되는 문제도 아니고 가볍게 처리할 수 있는 문제도 아니기 때문에 별도의 해결책을 찾아야 할 것입니다.

3. 등교 개학을 했지만, 온라인 수업과 등교 수업이 격주로 진행되고 있습니다. 그런데 온라인 수업 때는 아이들이 방학이라도 한 것처럼 자꾸 느슨해집니다. 수업은 수업대로 진행되고 곧 시험도 볼 텐데, 과제만 대충 하고 노는 모습을 보면 불안해서 잔소리를 하지 않을 수 없습니다.

온라인 수업과 대면 수업을 번갈아 하다 보니 학생들이 학습 리듬을 제대로 잡지 못하는 경우가 많아서 학교에서도 이 점을 크게 염려하고 있습니다. 학교는 온라인 수업에서는 교과 내용을 배우게 하고, 대면 수업에서는 온라인으로 배운 내용을 확인하고 다음 진도를 나가는 등, 온라인과 대면 수업을 연결하기 위해 노력하고 있습니다. 그러나 학생들은 집에 있는 시간을 방학처럼 느끼고 느슨해지기 쉽습니다.

따라서 온라인 수업과 대면 수업이 연결되어 있다는 점을 다시 설명해 주고, 집에서도 일정한 규칙을 지킬 수 있도록 연습시켜야 합니다. 문제는 규칙에 적응시키기 위한 개입의 수위입니다. 자칫하면 질서를 잡아주기 위한 관여가 자녀에게 잔소리처럼 들려서 사이가 나빠질 가능성이 높습니다.

그러므로 부모님은 이런 조건에서는 아이들이 느슨해지기 쉽다는 것을 자녀의 처지에서 이해하고 인정하는 것에서 시작해야 합니다. 그리고 작은 규칙부터 만들어 보시지요. 수업을 위해 컴퓨터 앞에 앉아 있는 시

온라인 수업, 교사 실재감이 답이다

간과 컴퓨터를 떠난 휴식 시간, 과제 시간, 게임 시간, 가족과 대화하는 시간 등 최소한의 규칙을 정해야 합니다. 이때 부모님도 규칙과 질서를 정하고 지키는 것이 좋습니다.

이처럼 큰 틀의 질서를 잡아 주시되, 아이가 온라인 수업이나 과제에 부모님의 기대만큼 집중하지 못하더라도 그 문제까지 한꺼번에 해결하려고는 하지 마세요. 온라인 수업과 관련된 굵직한 생활 리듬이 아직 충분히 자리 잡지 않았을 테니까요. 큰 질서가 잡히지 않은 상태에서 사소한 부분까지 세밀하게 질서를 잡으려다 보면 갈등과 긴장이 생길 수밖에 없습니다. 그러니까 '수업과 과제 시간 등 큰 틀의 질서를 지킨다면, 다른 시간에는 그냥 편하게 내버려 둘 수 있다.'는 생각으로 우선 큰 질서 잡기에 집중하시라는 뜻입니다. 큰 질서가 잡히고 나서 조금 더 구체적인 질서를 잡는 쪽으로 접근해도 좋습니다.

대화를 나눠 보면 아이도 이런 상황을 곤혹스러워한다는 사실을 알 수 있습니다. 온라인 수업이 대면 수업보다는 느슨하지만 해야 할 과제와 시험이 있다는 것을 아이도 모르지 않기 때문에 놀면서도 마음이 불편합니다. 분명 마음 한구석에는 '내가 이래도 되나?' 하는 걱정이 있을 겁니다. 겉으로는 느슨해 보여도 이런 상황을 전혀 모르는 것은 아니니까요. 이럴 때 부모님은 자신의 걱정을 이해해 주는 존재라고 느끼게 되면 아이에게는 부모님이 친구 이상의 든든한 의지가 될 수 있습니다.

그러나 지나치게 강한 개입과 엄격한 관리 모드로 접근하면 자녀는 '내가 이래도 되나?' 하고 성찰하기보다는 오히려 반대쪽으로 가 버릴 수 있습니다. 자신이 감당할 몫을 부모님이 관리해 준다고 고마워하는 것이 아니라 반발하면서 스스로 성찰하는 것조차 외면하게 됩니다. 조금 더디더라도 자녀가 자기 성찰을 통해 건강하게 자랄 수 있게 해 주세요. 자녀의 마음속에도 온라인 수업과 등교 수업이 교차되는 상황과 관련해 적지 않은 혼란과 염려가 있다는 것을 인정하고 대화를 시도하셔야 합니다. 같은 내용이라도 상대를 이해하는

온라인 수업, 교사 실재감이 답이다

정도에 따라 대화 결과가 엄청나게 달라지니까요. 관계를 지키면서 생활의 질서를 유지하는 것을 목표로 삼아야 합니다. 무작정 생활의 질서만 철저히 잡으려 하다가는 질서도 잡지 못한 채 관계를 잃기 쉽습니다.

4. 저는 직장 맘이라 아이를 챙기는 데 한계가 많아요. 온라인 개학 이후로는 제 빈자리가 더 많이 느껴지는 것 같아서 걱정입니다. 어떻게 하면 집에서 주도적으로 자기 관리를 잘할 수 있을까요?

사실 이것이 온라인 수업에서 가장 답답한 문제입니다. 부모님 중 한 분이 집에 계시면 교사나 도우미 역할을 해 줄 수 있습니다. 그러나 부모님이 맞벌이를 하는 경우에는 아이가 홀로 모든 상황에 대처해야 합니다. 평소 자기 주도 학습 태도가 잘 갖추어진 아이라면 몰라도 이런 상황에서는 대부분의 아이들이 학습의 공백 상태를 경험할 가능성이 큽니다.

따라서 현재 상황을 확인하는 대화가 필요합니다. 이때 한 가지 유의할 점은, 기본적으로 부모님은 온라인 수업 상황을 잘 모르기 때문에 혹시라도 선생님처럼 개입하려고 하면 아이와 대화하기가 쉽지 않다는 사실입니다. 먼저 아이의 상태부터 확인해야 합니다. 따라서 대화는 이렇게 시작하면 좋겠지요.

"지금 상황이 너에게는 정말 힘들 거야. 학교도 엄마 아빠도 너를 제대로 돌보지 못하는 상태에서 네가 스스로에게 선생님 역할까지 해야 하니까. 엄마 아빠가 많이 미안해." 그러면 아이도 자신의 마음 상태를 쉽게 드러낼 것입니다. 즉, 지금 상황을 엄마처럼 몹시 염려하고 있는지, 아니면 용케도 스스로 선생님이 되어 상황을 관리하고 있는지, 그것도 아니면 혼자서는 도저히 답이 없는 상태인지를 확인할 수 있습니다.

자녀가 자기 주도적 성향이 강하다면 엄마가 조금만 거들어도 되겠지요. 이런 경우에는 아이가 수업을 어떻게 파악하고 어떻게 대처하려 하는지 대화하고 들어주면서 아이가 어려움을 호소하는 영역을 중심으로 개입하는 것이 좋습니다.

가장 크게 문제 되는 것은 하나에서 열까지 부모가 개입하지 않으면 안 될 상황인데 부모님이 맞벌이를 하는 경우입니다. 워낙 특수한 경우여서, 자녀가 왜 자기 주도성이 약한지부터 살펴야 합니다. 아니, 그 이전에 자녀의 자기 주도성이 부모님이 단정한 것처럼 과연 그렇게 약한지부터 점검해야 합니다. 어쩌면 그렇지 않을 수도 있으니까요. 공부에 대한 자기 주도성이 약하다고 해서 아이가 자기 삶에 대한 의지조차 없는 것으로 오해하면 안 됩니다. 부모님이 자녀를 하나의 관점과 기대로 억누르지 않고 아이의 다면적인 모습을 있는 그대로 존중해야 대화가 효과를 거둘 것입니다.

5. 우리 아이는 생활 습관이 완전히 무너졌어요. 밤늦게까지 놀다가 오전 11시쯤 일어나서 겨우 책상 앞으로 가요. 엄마 말은 듣지를 않으니 선생님께서 좀 강하게 꾸짖어 주세요.

초유의 온라인 수업 상황에서는 아이들이 이런 불규칙한 생활 리듬 속에 놓이기 쉽습니다. 어찌 보면 아주 자연스러운 과정이기도 합니다. 등교가 없으니 그만큼 심신이 늘어지기 마련이지요. 그런데 지금 같아선 교사도 지금 같아선 생활 습관이 무너진 학생들에게 직접 영향을 끼칠 수 있는 물리적·심리적 공간이 너무 협소한 탓에 누구를 꾸짖고 나무라기가 쉽지 않습니다.

문제는 생활 습관이 무너졌다고 볼 만큼 심각한 경우일 텐데, 이러한 경우라도 그 심각성에 대해서는 자녀와 관점의 차이가 날 수 있으니 먼저 이야기부터 해 보아야 합니다. 그리고 어느 정도 차이가 좁혀졌다면 다음 과제는 무너진 생활 습관을 어떻게 회복할 것인가입니다. 무너진 생활 습관이 부모의 강요와 압박에 의해 회복되지는 않습니다. 아이의 의지부터 북돋워야 합니다. 아이에게 의지가 있어야 생활 습관도 제대로 바뀔 테니까요.

그런데 아이의 의지를 북돋는 것은 자녀를 자기 생활을 책임지고 관리하는 주체로서 존중해야 가능한

온라인 수업, 교사 실재감이 답이다

일입니다. 물론 학년이 낮을수록 부모가 개입할 측면이 많고 높을수록 자녀에게 맡길 것이 많아지긴 합니다. 그러나 원칙적으로 볼 때, 아이를 생활의 주체로 인정한다는 것은 아이의 삶과 관련해서 부모님이 무엇을 할 수 있다는 지나친 자신감을 내려놓는다는 뜻입니다. 그런데 실제로는 잘 안 될 때가 많습니다. 그렇지만 개입하고 바로잡으려는 일마다 부모님 뜻대로 된다면 오히려 그게 더 문제 아닐까요? 부모의 뜻대로 뭔가 바뀌는 아이는 또 다른 사람과의 관계에서도 그만큼 쉽게 바뀔 수 있는 줏대 없는 아이라는 뜻일 테니까요. 그게 더 위험하지 않을까요?

아이를 자기 삶의 주체로 세운다는 것은 자녀가 책임져야 할 영역을 자녀에게 맡긴다는 것을 의미합니다. 점수와 석차에 대한 기대, 앞으로의 진로에 대한 기대는 아이가 스스로 품는 것이 아닌 이상 효과가 별로 없거나 다른 영역에서 부작용을 나타냅니다. 부모님이 그런 기대만 접어도 자녀를 바라보는 태도가 한결 너그러워질 것입니다. 다만 '내가 기대를 접더라도 아이

는 붙잡아야 할 텐데, 아이마저 포기하면 어떡하지?'
하는 걱정이 들 수 있습니다.

그러나 아이들을 믿어야 합니다. 비록 부모가 기대
하는 시간표대로 움직이지는 않을지라도, 아이는 자기
인생을 소중하게 여깁니다. 자기 인생이 소중하지 않
은 아이는 없습니다. 부모가 심리적 여백을 만들어 주
면, 아이는 그 여백 속에서 자신의 현재와 미래를 고민
하고 길을 찾을 것입니다. 그 시작이 중요하며, 부모가
그것을 알아봐 주어야 합니다.

물론 부모에게도 '이것만큼은 내가 절대 포기할 수
없다.'고 배수의 진을 쳐야 할 영역이 있겠지요. 그것이
무엇인지가 중요합니다. 아이의 의지를 북돋우고 자기
주도적인 삶을 꾸려가는 존재로 성장하도록 이것만큼
은 포기하지 않겠다고 말할 그 한 가지는 무엇인가요?
그 한 가지가 옳다면 그것을 일관성 있게 밀고 나아가
십시오.

온라인 수업으로 엉망이 된 아이들의 생활 습관 문
제는 그것을 알고 자녀와 함께 대화하는 과정 속의 숙

제라고 보시는 편이 좋겠습니다. 당장 무엇을 바꾸겠다고 조바심을 내거나 이전과 같은 생활 습관을 기대한다면 상황은 오히려 더 나빠질 수 있습니다.

6. 선생님이 직접 만든 영상보다 유명 강사의 영상이 더 좋지 않을까요?

유명 강사의 강의가 지닌 매력은 분명 무시할 수 없습니다. 그러나 잘 아시는 바와 같이, 좋은 강의는 자녀의 필요에 부합하는 강의입니다. 학교 선생님이 직접 만든 강의는 혼자 제작하기 때문에 다양한 지원을 받는 학교 바깥의 온라인 강의보다는 아무래도 세련된 느낌이 덜할 수 있습니다. 그렇지만 유명 강사의 강의보다는 학교 선생님의 강의가 아이들에게 더 적합할 수 있습니다. 그 이유는 다음과 같습니다.

학교 선생님의 강의는 대한민국의 일반 학생을 대상으로 제작한 강의가 아닙니다. 내가 가르치는 학생의 수준과 필요를 고려해 제작한 강의입니다. 그래서 아이들 수준에 잘 맞을 수 있습니다. 비록 강의 콘텐츠가 화려하지는 않아도 아이들에게 더 적합할 수 있다는 뜻이죠.

특히 지금처럼 온라인 수업과 대면 수업이 같이 이어지는 상황을 고려해야 합니다. 온라인 수업과 대면 수업을 통합적으로 운영하는 학교도 많은 상황입니다. 학교에서 만날 선생님이나 대면 수업과 연결되는 강의라면, 학생들은 인터넷 강사의 강의보다는 아는 선생님의 강의에 더 집중할 수 있습니다. 물론 혼자서 자신의 수준을 진단하고 학습 동기를 갖춘 학생이라면 어떤 경우건 문제가 되지 않겠지요. 그러나 대부분의 학생들은 아직 자기 주도적인 학습 습관을 만들어야 하는 단계에 있기 때문에, 온라인 수업과 대면 수업에서 선생님이나 친구들과 연결되고 상호 작용이 가능한 학습 형태가 훨씬 더 도움이 됩니다.

부록

· 온라인 정책 토론회 발표 자료

· 참고 문헌

온라인 정책 토론회 발표 자료

코로나 상황에서의 교사 실재감

사상 초유의 온라인 개학. "온라인 수업 상황에서도 우리 아이들은 제대로 배울 수 있는가?" "온라인 수업 상황에서도 우리 아이들에게 배움이 일어나도록 하려면 어떻게 해야 하는가?" 면대면 수업과 마찬가지로 온라인 수업에서도 가장 중요한 것이 출석이나 학사 일정의 운영 자체일리 없다.

앞의 질문에 답하려면 온라인 학습 환경의 특성을 먼저 살펴볼 필요가 있다. 온라인 학습 환경의 가장 큰 특징을 꼽는다면 시공간의 제약을 받지 않는다는 점이다. 그러나 온라인에는 교사도 학생도 실제로 존재하지 않는다. 존재하는 것처럼 느껴질 뿐이다. 이와 같은 가상적 존재 상태, 즉 실재감(presence)의 결여 상태는 온라인 학습의 가장 중요한 방해 요소이다(Berge, 1999; 신나민, 2002). 그래서 온라인에서의 학습의 관건은 학생에게 이와 같은 실재감을 제대로 경험할 수 있는가 아닌가에 달려 있다고 봐도 과언이 아니다. Garrison, Anderson, Archer(2000)는 학생이 집중해서 학습에 참여하는 상태를 학

276

습실재감이라고 하면서, '학생이 능동적으로 학습에 참여하고, 결과적으로 유의미한 학습 경험을 하게 되는 것'이라 정의하였다. 그리고 학습실재감이 구현되려면 '교수실재감', '인지적실재감', '사회적실재감' 등이 필요하다는 것을 주장하였다. 즉 온라인 학습이 제대로 이루어지려면, 선생님이 제시한 학습 목표와 내용에 따라 학습이 진행되고 있다는 교수실재감(혹은 교사 실재감), 학습을 따라가면서 새로운 지식을 제대로 깨우치고 있다는 인지적실재감, 온라인 공간이지만 다른 친구들이 같이 있다는 사회적실재감 등이 필요하다는 것이다.

　　그런데 본고에서는 학습실재감과 관련된 여러 요소 중 특히 '교수실재감(teaching presence)' 혹은 교사 실재감(teacher presence)에 그 초점을 두고자 한다. 여러 요소들 중 교수실재감이야 말로 현재 우리의 온라인 개학 상황에 가장 필요한 개념이 될 수 있을 것이라 보았기 때문이다. Garrison, Anderson, Archer(2000)는 교사 실재감을 다음과 같이 정의하였다. "교사 실재감은 학생이 선생님이 어딘가에 존재하고 있다고 느끼고, 학생이 그 속에 속해 있다고 느껴서 학습을 가능하게 하는 것이다." 이는 단지 물리적으로 '선생님이 계시는구나.' 하고 느껴지는 존재감이 아니다. 그보다는 선생님이 왜 이 내용을 가르치는지, 무엇을 중요하게 생각하는지 선생님이 수업을 하는 의도와 목표가 느껴진다는 의미에 가깝다. 이런 교수실재감 혹은 교사 실재감은 면대면 수업에서도 당연히 매우 중요한 요소이지만, 온라인 상황에서는 실재감의 경험이 더 어렵기 때문에 그 중요성이 더욱 부각되는 것이라 볼 수 있다.

본고에서 학생이 경험하는 학습실재감에 영향을 주는 여러 요인이 있지만 그 중에서도 '교사 실재감'에 초점을 두고자 한다. 그 이유로 첫째, Garrison, Anderson, Archer(2000)가 그들의 연구에서 제시한 '교사 실재감'의 핵심적 역할 때문이다. 사회적 실재감이나 인지적 실재감은 교육적 장면이 아니어도 나타날 수 있지만, 교사 실재감은 그렇지 않다고 보았다. 일반적인 온라인 공동체라 하더라도 동료들에게 자신을 드러내고 서로의 의견을 교환하면서 소속감을 경험할 수 있고(사회적 실재감), 새로운 지식과 정보를 알아가고 있다는 경험(인지적 실재감)을 할 수 있지만, 학습 목표 등과 같이 교육적 목적을 학생들에게 제시하고 학생들이 이를 경험할 수 있도록 하는 교사 실재감이 없다면 학생들은 무엇을 위해서 수업을 하고 있는지를 제대로 알 수 없을 것이라고 보았다. 더군다나 교사 실재감은 사회적실재감과 인지적실재감이 어떻게 구현될 수 있을지를 함께 통합하여 구현할 수 있는 핵심적 요소라는 것이다. 때문에 우리의 현재 온라인 수업이 방향을 제대로 잡기 위해서는 다른 요소들보다 더 우선적으로 교사 실재감에 초점을 둘 필요가 있다고 보았다.

둘째, 갑작스러운 온라인 개학 상황에 대해서 선생님들도 아직 낯설고 어색한 상태에 있기 때문에 온라인 수업에 대한 고민을 헤쳐 나가기 위해서는 먼저 선생님에게 초점을 두는 '교사 실재감'이 필요하다고 보았다. 현재와 같은 온라인 수업의 운영은 지금까지 경험하지 못한 것이어서 자칫 수업 운영 자체가 주는 압박감에 짓눌릴 수도 있기 때문이다. 그런 점에서 Rogers와 Raider-Roth(2006)가 제시한 상담적 기반에 근거한 교사 실재감의 정의는 현재의 압박감과 스트레스를 헤쳐 나가는 데 힘을 줄 수 있는 내용이 될 수 있다. 이들은 교사 실재감을 '학습 환경의 맥락 안에서 개인과 집단의 정서적, 신체적, 정신적 상태에 대한 이해와 유대감을 갖고, 사려 깊고 다음 단계를 잘 배려하여 반응하는 능력에 대해 깨어 있는 의식 상태로서의 관여'라고 정의하면서, 교사 실재감을 갖도록 하기 위해서는 교사가 자신에 대해 충분히 의식적으로 깨어 있을 것과 학생에 대해서는 가르칠 내용과 교수법에 대한 충분한 지식을 가지고 신뢰로운 관계를 만들어 가는 것이 중요하다는 언급을 하였다. 새로운 말은 아니다. 오히려 수업에서 관계의 중요성을 강조했던 최근의 흐름에 비추어 보면 당연한 말로 여겨질 수도 있다. 그러나 급작스럽게 초대되어 들어간 낯선 온라인 수업 환경에서는 그동안 잘 해 오던 수업 설계와 수업의 운영 방법에 대해 자신감의 상실을 경험하기도 하고, 외부에서 제공되는 화려한 콘텐츠와 비교하면서 수업에 대한 의욕이 상실되기도 한다. 그럴 때 다시 교사 실재감에 주

목하는 것은 이 상황에서 우리의 마음을 다시 세울 수 있는 힘이
될 수 있으리라고 보았다.

셋째, '교사 실재감'에 우선적인 초점을 두는 이유는 온라인
개학이 갑작스럽게 진행되었기 때문에 학생들이 아직 학습에 대
한 충분한 준비가 된 상태로 보기 어렵기 때문이다. 학생이 준
비되지 않았기 때문에 선생님의 실재감에 대한 준비는 더욱 중
요한 역할을 하게 될 것이기 때문이다. 많은 선생님들이 온라인
수업이라는 것도 낯설지만, 학생들을 한 번도 본 적이 없다는 것
이 더욱 이 상황을 어렵게 한다는 언급을 하였다. 그래서 유추를
할 수밖에 없다. 학기 초라는 사실, 온라인으로 개학이 되었다는
사실, 그렇지 않아도 학습에 대한 흥미가 없는데 온라인이니 더
욱 그럴 것이라는 사실 등등. 우리가 이전에 알고 있던 학생과 올
해 만난 학생들은 분명 다르지만, 이제 우리 머릿속은 우리 학생
들에 대해 온통 촉각을 곤두세우고 온라인이지만 더 정확히 이
해하려는 노력을 기울일 수밖에 없는 상황이 되었기 때문이다.
Thornam(2003)은 교사 실재감을 '교사와 학생이 가치 있는 학
습으로 함께 나아가고자 하는 동안의 간주관적인 경험으로, 교
사는 학생과 함께 존재함으로써 학생의 교육적 취약성을 감소시
키고 학생의 무력감이나 자포자기를 인지하고 이를 완화시키는
것'으로 정의하였는데 우리 학생들을 어떤 관점으로 보는 것이
필요한지에 대해 시사점을 준다. 이와 같이 교사 실재감은 교사

자신에 대한 알아차림에서 시작하여, 거기서 끝나지 않고 학생에 대한 이해와 배려 그리로 학습으로 연결되어 가는 확장적 의미를 가지고 있다.

그렇다면 이제 교사 실재감이 온라인 수업 환경에서 더 충분히 구현되도록 할 수 있는 방법은 무엇일까? 다음 <표1>과 같이 정리하여 제시해 보았다. <표1>의 첫 번째 칸과 두 번째 칸은 온라인 환경의 특성으로 인해 발생할 수 있는 학생의 학습 방해 요인, 그리고 이런 요인에도 불구하고 교사 실재감 구현을 위한 개입 원리들을 기존 문헌의 고찰을 통해 종합적으로 제시하였다. 그리고 세 번째 칸은 수업과성장연구소에서 지난 3월~4월 동안 연구소의 심화 및 기본 과정을 신청한 선생님들 36명을 대상으로 현재 온라인 수업상황에서의 고민과 해결 방안들을 인터뷰한 면접 내용과 수업 고민지 작성 내용을 기반으로 한 것이다. 많은 이론적 내용이 있지만, 이 내용을 덧붙인 것은 단지 이론적 제시만 하는 것보다는 실제 학교 현장에서 경험을 기반으로 한 원리들이 같이 제시될 때 더 실제적인 지지 자원이 될 수 있을 것이라 보았기 때문이다.

<표1>의 세 번째 칸의 수업과성장연구소에서 제시한 교사 실재감 구현 원리(BEING)를 조금 더 구체적으로 설명하면 다음과 같다. 첫째, 연결되는 관계 만들기(Building relationship)는 온라인 수업을 시작했을 때 가장 우선적으로 필요한 원리이다. 학

생들은 아직 친숙하지 않은 선생님과 친구들을 온라인 매체를 사용하여 만나고 학습하는 것에 대해 낯설음과 심리적 거리감으로 수업을 시작할 가능성이 높다. 때문에 온라인 수업에서는 더욱 연결되는 관계 만들기가 필요하다고 본 것이다.

둘째, 존재감 나타내기(Showing my Existence)는 교사가 단지 물리적으로만 온라인 강의실에 있는 것이 아니라 학생들을 위해 수업 내용을 준비하고 설계하고 촉진하는 교육적 의도를 가진 존재로 자신을 드러낼 필요성을 언급한 것이다. 이를 통해 학생들은 선생님이 수업에서 무엇을 중요하게 생각하는지 알게

표 1 교사 실재감 실천 원리

학습 방해 요인	기존 문헌들이 제시한 개입 요인	교사 실재감 실천 원리(BEING)
• 낯섦(두려움) • 심리적 거리감	• 학생과 유대 관계 구축 • 배려와 존중	• 연결되는 관계 만들기 (Building relationship)
• 학습에 대한 무동기 • 준비되지 않은 상태	• 자기(교사) 존재 자각 • 교육 과정 설정, 방법 설계	• 교사 존재감 나타내기 (Showing my Existence)
• 학습 능력 차이 • 자기 조절 능력 차이 • 학습 습관 형성 차이	• 내용 전문가 • 내용/질문 제시 • 수업 규칙과 가이드라인 제시	• 수업의 흐름 이끌기 (Taking INitiative)
• 메타 인지 발달 차이 • 또래 자원 부족 • 즉각성 부족	• 학생의 특성과 상태에 따른 교수법 적용 • 점검과 피드백 • 토론 등 상호 작용 촉진	• 피드백으로 다가가기 (Giving feedback)

되고, 다른 것으로 쉽게 대체될 수 없는 '선생님'의 수업으로 초대된 느낌을 가질 수 있다.

셋째, 수업의 흐름 이끌기(Taking INitiative)는 계획된 수업의 목표에 도달하기 위해 교사가 수업 내용과 활동을 이끄는 과정을 적극적으로 진행하는 것이다. 처음 시작할 때는 다소 막연하지만, 학생들의 학습 능력의 차이 혹은 이해도의 차이를 더 잘 파악하게 되고 그에 따른 수업 설계의 변경이 이루어질 수도 있다. 수업이 진행되면서 학생들은 학습 습관이나 과제 제출 등과 같은 상황을 더 자주 접하게 되면서 자기 조절학습 전략의 차이도 경험하게 된다. 따라서 면대면 상황보다 훨씬 자주 구체적으로 이런 전략에 대한 소개와 수행을 강조할 필요성이 생기게 될 것이다.

넷째, 피드백으로 다가가기(Giving feedback)이다. 온라인 수업 상황에서 학생들은 교사뿐 아니라 다른 학생들과도 연결되어 있지 않고 고립된 상태에 있다. 때문에 면대면 상황에서는 자연스럽게 파악될 수 있는 많은 학습에 대한 정보들을 얻기가 쉽지 않고, 자신의 생각을 확장할 수 있는 상호작용적 경험도 적극적으로 모색하지 않으면 경험하기 어렵다. 따라서 교사의 피드백으로 다가가기는 온라인 수업에서는 더 중요한 의미를 갖는다.

그러나 위의 네 가지 원리(BEING)는 온라인 수업을 성공적으로 하기 위한 실행 매뉴얼이 아니다. 그리고 처음부터 위의 모든 것을 실천하는 것이 좋다는 것을 제시하는 것도 아니다. 온라인 수업 상황의 어려움을 조금씩 헤쳐 나가는 데 참고할 수 있는 원리를 모아 둔 것이다. 그래서 다음과 같은 방법으로 활용될 수 있다면 도움이 될 수 있을 것이라 본다.

첫째, 현재 내가 경험하고 있는 온라인 수업 고민이 어느 지점에 있는지를 발견하는 용도로 활용할 수 있다. 현재 선생님들이 경험하고 있는 고민은 개인의 고민이라기보다 온라인 개학이라는 사상 초유의 상황에서 파생된 것들이 대부분이다. 때문에 이렇게 다양한 고민의 지점이 있다는 것을 보고 이해하면, 오히려 나의 고민을 상대화할 수 있는 힘을 얻을 수 있다.

둘째, 온라인 수업 고민에 대해 순차적 해결 과정을 가이드해 줄 수 있는 원리로 활용할 수 있다. 우리가 온라인 수업 상황에서 야기되는 많은 문제 상황을 단번에 해결할 수는 없다. 그러나 막연히 기다릴 수만도 없다. 때문에 위의 원리들을 온라인 수업 고민에 대한 순차적인 해결 가이드로 사용하면 좋겠다. 처음에는 학생들도 교사도 적응하고 관계를 만들어 가고, 그 고민이 어느 정도 해결이 되면 교사로서 내가 수업에서 지향하고자 하는 가치를 구현할 수 있는 수업의 방향을 보다 적극적으로 고민해 보는 것과 같이 순차적으로 적응해 가는 것이다. 그렇게 어느 정도 가닥이 잡혔다면 이제는 조금 더 아이들에게로 시선을 옮겨서 아이들의 온라인 학습 상황에 대한 각각 개별적인 상황에 귀 기울이고, 보다 적극적인 피드백과 상호작용으로 다가갈 필요도 있다고 보는 것이다.

셋째, 전문적 학습공동체나 수업협의회 등에서 온라인 수업에 대한 고민을 함께 나누고 해결하는 과정에 이를 활용할 수도 있다. 온라인 환경에 대한 익숙함의 차이, 바람직한 수업의 방향에 대해 다양성이 존재하는 것을 서로 인정하면서 그 본질적인 가치를 구현하기 위한 방법이 무엇인지 그 출발점이 될 수 있었으면 한다. 힘든 수업 상황이지만 동료 교사와 함께 수업에 대한 이야기를 허심탄회하게 나누는 작업은 분명 힘든 현재 상황을 이겨 나갈 수 있는 힘이 될 것이다. 어떤 상황에서보다도 공감대를 많이 경험할 수 있을 것이기 때문이다. 서로의 수업에 대한 기준을 상대화하고 보다 본질적인 목표를 향한 서로의 고민을 나눌 수 있다면 말이다.

■ 이 글은 '좋은교사운동'에서 2020년 4월 27일 진행한 온라인 정책 토론회에서 '수업과성장연구소' 신을진 대표가 발표한 원고입니다.

참고 문헌

강명희, 김세명, 김주현(2015). 구글플러스 기반 프로젝트 학습의 성취도에 대한 자기조절 학습능력과 교수실재감의 예측력 인지된 상호작용의 매개효과를 중심으로. **평생학습사회, 11(2)**, 275-302.

강명희, 윤성혜, 임현진, 유영란(2012). 메타인지, 인지된 상호작용, 실재감의 웹기반 협력학습 성과예측력, **평생학습사회, 8(2)**, 111-130.

고은현(2006). e-러닝에서의 교수실재감 구인 요인에 대한 실증적 탐색. **교육정보미디어연구, 12(4)**, 263-287.

권성연(2011). 온라인 수업에서 교수실재감, 학습전근, 만족도 및 학습효과 인식 간의 관계분석, **교육공학연구, 27(3)**, 535-560.

권종실, 남창우(2018). 온라인 협동학습 환경에서 스캐폴딩 전략이 대학생의 교수실재감에 미치는 영향. **학습자중심교과교육연구, 18(20)**, 19-38.

김규동, 고유정, 최고은, 박인우(2012). 이러닝에서 교수실재감, 학습참여도, 학습자-교수간의 상호작용 및 학업성취도 간의 구조적 관계분석. **한국교육학연구, 18(1)**, 169-188.

김보경, 강명희(2015). 협동학습기반 중학교 진로수업 학습성과에 대한 교수실재감과 상호작용 지각의 예측력 규명. **학습자중심교과교육연구, 15(12)**, 243-267.

김승옥, 유병민, 김은하(2019). 플립러닝 온·오프라인 환경에 따른 실재감과 학습몰입간의 구조적 관계분석, **학습자중심교과교육연구, 19(8)**, 815-839.

김시원, 임규연(2016). 플립드 러닝 환경에서 자기조절, 교수실재감, 인지된 상호작용과 학습승과의 관계 : 인지된 상호작용의 매개효과를 중심으로. **교육방법연구, 28(4)**, 743-766.

김영민, 박기훈(2018). e-Learning에서 학습실재감, 학습몰입 및 학습성과의 관계, **e-비즈니스연구, 19(3)**, 99-115.

김유진, 박주호(2012). 사이버대학생의 학습실재감, 학습몰입 및 학업성취도 간의 관계, **아이사교육연구, 13(3)**, 143-170.

김정화, 강명희(2010). 이러닝 환경에서 e-튜터의 학습지원이 교수실재감과 학습실재감의 하위 변인에 미치는 구조적 영향력. **교육정보미디어연구, 16(3)**, 407-432.

김진하, 김경희, 이성주 (2019). e-러닝 콘텐츠의 정보제시방식이 교수실재감 및 학업성취도에 미치는 효과. **컴퓨터교육학회 논문지, 22(3)**, 79-87

김진해, 이해원(2016). 대학 FIlpped Classroom 환경에서 교수실재감과 학습자-교수자 상호작용이 학업성취도에 미치는 영향, **교육정보미디어연구, 22(4)**, 733-753.

김한주, 노석준, 유병민(2015). 일반대학 이러닝에서의 학습자요인, 교수실재감, 콘텐츠품질이 학습만족도 및 학습지속의향에 미치는 영향 : 학습몰입의 매개효과를 중심으로, **교육종합연구, 13(2)**, 171-194.

박기훈, 김영민(2019). e-Learning 기반 온라인 토론학습의 학습실재감 차이분석, **e-비즈니스연구, 20(5)**, 95-109.

박혜진, 유병민(2014).SNS 활용 대학수업에서 학습실재감과 학습몰입, 학습만족도가 학습지속의향에 미치는 영향에 대한 구조 관계 분석. **교육정보미디어연구, 20(4)**, 649-674.

신나민 (2002). 원격교육의 성격에 관한 비판적 고찰- "거리"에 대한 의미분석을 중심으로-. **교육학 연구, 40(3)**, 47-63.

심선경(2012). 온라인수업에서 학습도구와 학습성취, 학습만족도간의 관계연구, **한국콘텐츠학회논문지, 12(3)**, 487-497.

원지영(2016). 모바일 vs. 블렌디드 교육적 탐구공동체에서 대학생들이 인식하는 사회실재감, 인지실재감, 교수실재감 비교, Asia-pacific Journal of Multimedia Services Convergebt with Art, Humanities, and Sociology. 6(4), 319-328.

이은주, 박인우(2012). 실시간 온라인 수업에서 수업 만족도에 대한 컴퓨터 자기효능감, 교수실재감, 학습자 참여의 예측관계분석. **열린교육연구, 20(3)**, 195-219.

이정민, 윤석인(2011). 사이버대학생의 학습성과에 대한 학습자동기, 교수실재감, 학습몰입의 예측력 검증, **아시아교육연구, 12(1)**, 141-166.

이지연, 봉지애(2012). 동일 강좌의 이러닝과 면대면 분반수업을 수강한 대학생들의 인식 및 수업경험. **교육공학연구, 28(1)**, 53-78.

이해영, 하지혜, 정혜선(2018). 매체 효능감과 실재감이 실시간 온라인 한국학 강좌 수강만족도에 미치는 영향, **한국언어문화학, 15:3**, 187-210.

이혜정, 김태현(2008). 이러닝 콘텐츠 제시유형이 학습결과에 미치는 영향, **평생학습사회, 4(1)**, 75-94.

조미현(2009). 온라인학습커뮤니티를 활용한 교사교육 : 미국의 사례분석에 기초한 성공요인, **정보교육학회논문지, 13(4)**, 409-421.

주영주, 강아란, 임유진 (2016). 국내 사이버대학생의 학습만족도에 영향을 미치는 관련변인에 대한 메타분석. **평생학습사회, 12(2)**, 145-170

주영주, 김은영(2004). 사이버대학의 강좌평가를 위한 척도개발, **교육과학연구, 35(2)**, 1-21

최경애, 이성혜(2016). 온라인 영재교육 프로그램에서 교수설계 및 조직화, 도전감, 학습결과 간의 관계. **학습자중심교과교육연구, 16(8)**, 617-639

Berge, Z. L.(1999). Interaction in post-secondary Web-based learning. **Educational Technology, 39(1)**. 5-11.

Garrison, Anderson, Archer(2000) Garrison D. R., Anderson, T. & Archer, W. (2000). Critical Inquiry in a Text-Based Environment: Computer Conferencing in Higher Education. **The Internet and Higher Education, 2(2)**, 87-105.

Rogers, C., & Raider-Roth, M.(2006). Presence in teaching. **Teachers and Teaching : theory and practice, 12(2), June**, 265-287.

Thornam, C.L.(2003). Teaching Presence in face-to-face and online learning environments.Unpublished doctoral dissertation. **University of Colorado at Denver.**